자잘이, 콧물 덩어리 외계인을 만나다!

떴다! 지식 탐험대 - 우주와 우주인
자잘이, 콧물 덩어리 외계인을 만나다!

초판 제1쇄 발행일 2011년 5월 5일
개정판 제1쇄 발행일 2021년 3월 20일
글 양승완 그림 정문주 감수 박병곤
발행인 박헌용, 윤호권 발행처 (주)시공사 주소 서울시 성동구 상원1길 22
전화 문의 02-2046-2800 홈페이지 www.sigongsa.com / www.sigongjunior.com

ⓒ 우리누리·정문주, 2011

이 책의 출판권은 (주)시공사에 있습니다.
저작권법에 의해 한국 내에서 보호받는 저작물이므로, 무단 전재와 무단 복제를 금합니다.
ISBN 979-11-6579-435-4 74440
ISBN 979-11-6579-001-1 (세트)

홈페이지 회원으로 가입하시면 다양한 혜택이 주어집니다.
잘못 만들어진 책은 구입하신 곳에서 바꾸어 드립니다.

KC마크는 이 제품이 공통안전기준에 적합하였음을 의미합니다.
제조국 : 대한민국   사용 연령 : 8세 이상
주의 사항 : 책장에 손이 베이지 않게, 모서리에 다치지 않게 주의하세요.

자잘이, 콧물 덩어리 외계인을 만나다!

글 양승완 / 그림 정문주 / 감수 박병곤

시공주니어

작가의 말

아주 오랜 옛날부터 인간은 하늘을 올려다보며 신비로움을 느껴 왔습니다. 달에서는 토끼가 방아를 찧고 있을까, 화성에는 화성인이 살고 있지 않을까…… 상상은 끊임없이 이어졌습니다. 오랫동안 하늘은 사람이 닿을 수 없는 머나먼 곳이었습니다.

그러나 과학 기술이 발전하면서 멀게만 느껴졌던 하늘은 점점 가까워졌고, 새로운 사실들이 계속해서 밝혀졌습니다. 달에는 뻥뻥 뚫린 분화구가 있을 뿐이고, 화성에는 낙지처럼 생긴 화성인이 살고 있지 않았습니다. 사람들은 지구가 태양 주위를 도는 행성 중의 하나일 뿐, 우주의 중심이 아니라는 사실도 깨달았습니다.

사람들의 오랜 꿈과 환상이 깨졌으니 슬픈 일일까요? 물론 그렇게 생각할 수도 있습니다.

그러나 우주의 비밀이 조금씩 벗겨지면서 인간의 탐구심과 호기심은 더욱 커지고, 질문은 점점 많아지고 있습니다.

어떻게 하면 더 빨리, 더 멀리 날아갔다 돌아오는 우주선을 만들 수 있을까?

빛의 속도를 따라잡는 것은 정말 불가능할까?

타임머신을 발명할 수 있을까?

외계인은 과연 있을까?

우주는 변하고 있는 것일까?

질문들이 늘어 가는 만큼 새롭게 밝혀지는 사실도 많아지고 있지만, 아쉽게도 우주에 관한 인간의 지식은 여전히 걸음마 수준입니다. 아직 우주의 끝이 어디인지도 모르고, 우주의 시작이 있었는지도 모르니까요.

그렇지만 인간이 어디 그렇게 쉽게 포기하는 동물이던가요? 아주 오랜 옛날부터 계속되어 온 우주를 향한 탐구심과 호기심으로 저 넓은 우주는 분명히 점점 더 가까워지고 있습니다. 우주 탐사는 계속되고 있고, 많은 나라들이 우주 개발에 점점 더 박차를 가하고 있으니까요.

이 책은 우주에 대한 이야기입니다. 물론 이 책이 우주에 대한 호기심을 모두 해결해 줄 수 있다는 건 절대 아닙니다. 어떤 책도 그럴 수는 없으니까요. 다만 어린이 여러분이 우주에 대해 재미와 흥미를 느끼고 이 책을 징검다리 삼아 더 큰 우주 지식을 찾아 나가길 바랍니다.

흥미를 잃지 않고 우주의 비밀을 계속해서 알아 나간다면, 어린이 여러분이 어른이 될 때쯤엔 어쩌면 화성으로 15박 16일 신혼여행을 가는 사람들이 생길지도 모르겠네요.

양승완

작가의 말 … 4
등장인물 … 8

1. 수수께끼의 운석 … 10
친절하지 않은 포퍼 박사의 우주 강의 … 24

2. 치킨 찾아 우주로 날아간 자잘이 … 30
친절하지 않은 포퍼 박사의 우주 강의 … 38

3. 오호, 횡재로다. 우주 여행! … 44
친절하지 않은 포퍼 박사의 우주 강의 … 56

4. 악, 태양을 피하라! ··· 62
친절하지 않은 포퍼 박사의 우주 강의 ··· 68

5. 우주 전쟁 ··· 72
친절하지 않은 포퍼 박사의 우주 강의 ··· 88

6. 외계 행성 '누스' ··· 94
친절하지 않은 포퍼 박사의 우주 강의 ··· 106

7. 자잘이와 콧물 영롱이 ··· 110
친절하지 않은 포퍼 박사의 우주 강의 ··· 120

8. 탈출 ··· 124
친절하지 않은 포퍼 박사의 우주 강의 ··· 140

맺음말 ··· 142

등장인물

자잘이

먹는 것이 세상에서 가장 아름답다고 생각하는 지구인 소년. 우주에서 둘째가라면 서러울 잔머리와 장난기로 똘똘 뭉쳐 있다. 비만 어린이 캠프에 참가하던 중 우연히 우주선 코스모스호에 올라타게 되면서 우주인들과 함께 외계 행성 누스로 날아가고, 그곳에서 만난 영롱이와 각별한 우정을 나눈다.

영롱이

똑 부러진 성격의 누스인 소녀. 지구에서 온 자잘이를 통해 새로운 것을 보고 듣게 되면서 누스에서는 전혀 알지 못했던 가치들에 조금씩 눈을 뜨게 된다. 지구인들을 향한 누스 통치 위원들의 음모를 알게 되자 자잘이와 우주인들의 탈출을 돕는다.

누스 행성 최고 통치 위원회

지구에 메시지를 보낸 장본인들. 콧물 덩어리처럼 생겼지만 지구보다 몇천 년이나 앞선 과학 문명을 가진 생명체들이다. 머나먼 행성까지 지구인들을 불러들인 그들의 속셈은 무엇일까?

우주인들

코스모스호의 승무원들. 지구 최고의 명석한 두뇌와 튼튼한 신체, 그리고 별난 성격들을 지니고 있다. 경험이 풍부한 우주 비행의 달인들로, 이번엔 포퍼 박사가 지휘하는 비밀 작전을 수행하기 위해 태양계 밖으로 먼 여행을 떠난다. 그런데 우주선에 몰래 숨어든 말썽쟁이 자잘이 때문에 여행길이 만만치가 않다.

포퍼 박사

자칭 '잘생기고 똑똑한 우주 박사 포퍼'. 우주 탐색 연합의 책임자로, 외계에서 날아온 의문의 메시지를 해독하고 우주인을 파견하는 작전을 이끈다. 잘난 척이 심하고 성질도 고약하지만 똑똑한 건 사실이다. 우주와 우주인에 대해 궁금한 것은 모두 포퍼 박사에게 물어보도록!

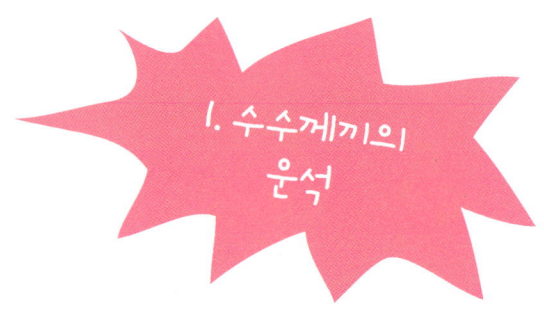

1. 수수께끼의 운석

포퍼 박사는 머리카락이 듬성듬성한 머리를 박박 긁어 댔다. 채 100가닥이나 남았을까? 안타까운 대머리 포퍼 박사. 포퍼 박사는 우주 탐색 연합의 책임자다. 온종일 머리카락 하나라도 잃을까 고민하던 포퍼 박사지만 요즘은 그럴 짬도 없다.

지금 우주 탐색 연합에서는 세계의 내로라하는 언어학자들과 암호 해독 전문가들이 머리를 맞대고 있다. 두 달 전 사하라 사막에 떨어진 집채만 한 운석 때문이다. 무서운 속도로 지구를 향해 날아온 운석. 처음엔 흔한 운석인 줄 알았다. 지구의 대기권을 지나면서 공기와의 마찰로 타버려 아주 작은 돌덩이가 되거나 먼지처럼 사라질 거라 생각했다. 그러나 운석은 대기권을 지나는 동안 사라지지도 작아지지도 않았다.

아니나 다를까 수거 팀에서 가져온 운석은 흔한 돌이나 금속 성분이 아닌, 지금까지 지구에서 전혀 본 적이 없는 물질로 이루어져 있었다. 문제는 물질의 성분보다 그 표면에 쓰여 있는 문자였다. 움푹움푹 선명하게 새겨진, 짓눌린 라면 면발 같기도 하고 실지렁이들이 엉켜 있는 것 같기도 한 문자. 누군가 메시지를 전하려 한 것일까?

"우리가 너무 예민한 거 아닐까요? 그저 대기권을 통과하다가 마찰에 의해 우연히 새겨진 것일 수도 있잖아요."

일본에서 온 이치로 박사가 말했다.

"아니야, 그렇지 않아. 이 문자들을 봐. 같은 모양들이 반복되면서도 또 다른 조합을 만들고 있어. 알파벳 26자로 수많은 의미의 단어를 만드는 것처럼 말이야."

포퍼 박사는 멕시코의 케추아 박사와 화상 전화를 연결했다.

"뭐 좀 나온 게 있나, 케첩 박사?"

포퍼 박사는 케추아 박사를 케첩 박사라고 불렀다.

"글쎄요, 우리 마야 문자와 비슷한 게 몇 개 있긴 한데 이 문장은 도무지 무슨 뜻인지 알 수가 없어요."

케추아 박사는 자신이 마야족의 후예라는 사실을 늘 자랑스럽게 생각했다. 마야 문명은 지금의 멕시코와 과테말라 지역에서 대략 기원전 2000년에 생겨나 10세기에 멸망한 고대 문명이다.

"그렇지, 내가 못 푸는 문제를 자네가 풀 리 없지. 햄버거 먹을 때 케첩이나 흘리지 말게, 케첩 박사."

포퍼 박사가 이렇게 말하며 전화를 끊으려는 순간, 케추아 박사가 조심스럽게 입을 열었다.

"만약에 말입니다. 만약……."

"뭐야? 뜸 들이지 말고 빨리 말해."

"정말 외계인이 보낸 메시지라면 외계인들은 지금 우리가 쓰고 있는 언어를 알고 있을까요?"

"무슨 소리야?"

"빛의 속도라는 것이 있지 않습니까? 외계인들이 발견한 지구의 모습은 먼 과거의 지구 모습이 아닐까요? 지금이야 전 세계 거의 모든 사람들이 영어를 능숙하게 사용하니 영어로 쓰여 있는 게 대부분이지만, 그들이 지구를 발견했을 때는 아마도 여러 가지 다른 문자들이 각 지역에서……."

"됐어, 그만 그만."

포퍼 박사가 케추아 박사의 입을 막았다. 결론은 자신이 내리고 싶었던 것이다.

"외계인은 모든 지구인이 한 가지 문자를 쓴다고 생각한 거야. 마야 문자랑 다른 문자들이 모두 같은 문자라고 생각할 수 있는 거지. 그렇다면 마야 문자가 한창 쓰일 때 다른 곳의 문자는……."

"한자예요, 한자!"

이치로 박사가 소리를 질렀다.

"마야 문자는 제가 잘 모르지만 한자는 압니다. 이 중간에 있는 문자가 중국의 상형 문자들이에요. 그렇다면……."

세 박사의 눈빛이 반짝였다.

발가벗은 종이 인형에 옷을 입히듯, 마야 문자와 중국 상형 문자의 뜻을 합치니 의미 있는 문장이

만들어졌다. 문장을 해독하는 데는 그리 오랜 시간이 걸리지 않았다.

"푸른 별, 우리의 탐사선이 귀 행성을 발견했소. 이 메시지가 그곳에 도착할 때는 지금으로부터 시간이 얼마나 흐른 뒤일까? 수학의 발전을 이루었다면 다음 위치를 알아낼 수 있을 것이오. 알파 27834, 베타 384790, 감마 38477. 그리로 오시오. 우주 전쟁을 막는 일은 당신들의 성의에 달려 있소."

운석에 새겨진 메시지였다. 포퍼 박사는 즉시 지구의 천재 수학자들을 불러 모았다. '알파 27834, 베타 384790, 감마 38477'의 위치를 알아내기 위해서.

지리산 자락의 외딴 마을, '산양마을'로 향하는 고샅길에는 여름 꽃들이 지천으로 피어 있었다. 패랭이, 부용, 곰취, 애기똥풀……. 새벽이면 이슬을 머금은 나팔꽃에서 흥거운 노랫가락이 흘러나올 것만 같았다. 아닌 게 아니라 산양마을에는 요즘 아침마다 우렁찬 기상나팔 소리와 함께 악을 써 대듯 랩 음악이 흘러나왔다. 서울 랄라 초등학교 팻다운 캠프가 차려졌기 때문이다.

2050년, 대한민국의 어린이 비만 문제는 여전히 심각했다. 삶의 질이 높아질수록 일하기 싫어하고, 운동하기 싫어하고, 그저 먹고 노는 것만 즐기는 사람들도 늘어 갔다. 정부에서는 비상사태를 선언하고 모든 초·중·고등학교에 팻다운(fat down) 캠프를 열도록 했다. 랄라 초등학교에서는 지리산의 산양마을을 택했다. 산양마을은 깊은 산골이어서 일단 참가를 하면 안내자의 도움 없이는 빠져나갈 수가 없다. 모든 교

육이 끝날 때까지 버틸 수밖에 없는 것이다. 선생님들은 부모님들을 설득했다. 그리고 방학 내내 자녀들을 학교 방침에 맡기겠다는 허락을 받아 냈다.

오늘은 교육 7일째. 오전의 줄넘기 교육에 이어 오후 교육은 10km 걷기였다.

"인기가 있다는 것은 좋은 것입니다. 친구들이 나를 좋아한다고 생각하면 행복해지니까요. 그런데 여러분은 뚱뚱하다는 이유로 다른 친구들에게 따돌림을 받습니다. 하루 종일 먹을 것만 생각하는 친구하고 누가 놀고 싶겠습니까? 누가 함께 축구를 하고 무슨 꽃이 피었는지 이야기하고 싶겠습니까? 여러분은 살을 빼야 합니다. 마음을 굳게 먹으세요. 전원 출발!"

오후 교육에 앞서 빼빼 마녀 선생님이 20여 명의 비만 어린이들을 모아 놓고 한 말이다. 그리고 걷기 시작한 지 한 시간이 지났다.

100kg이 넘는 초고도 비만 소년 자잘이는 투덜투덜 맥없이 발걸음을 떼고 있었다. 평생 김치랑 파만 먹고 살았을 것 같은 빼빼 마녀 선생님의 뒷모습을 노려보면서. 헉헉, 숨이 차올랐다. 자잘이뿐만 아니라 다른 아이들 입에서도 거센 숨소리와 불평이 끊이지 않았다.

"난 더 이상 못 가!"

자잘이가 결국 주저앉았다.

"나도!"

"나도!"

"미 투!"

여기저기서 자잘이를 따라 주저앉는 아이들이 속속 생겨났다. 빼빼 마녀 선생님은 자잘이를 노려봤다. 도대체 말썽만 생겼다 하면 항상 자잘이가 맨 앞에 있었다. 선생님은 자잘이 몰래 어딘가로 전화를 걸었다.

"자잘아, 전화 왔네."

"예?"

자잘이는 깜짝 놀랐다. 뜬금없이 이 상황에서 전화라니. 그것도 선생님 전화기를 통해? 자잘이는 전화를 받아 들었다.

"야, 이 느림보 뚱뚱이 거북이 같은 인간아. 너 또 사고 치고 있지? 빨리 일어나서 안 뛰어!"

선생님의 전화기에서 불쑥 미옥이 목소리가 튀어나왔다.

"너, 지난번 여름 우리 집에서 수박이랑 아이스크림 한 통 다 먹고 어떻게 됐지? 아이들한테 소문낼까?"

자잘이의 얼굴이 순식간에 굳어 버렸다. 머릿속이 하얘지는 것 같았다. 그날의 악몽……!

지난여름, 자잘이는 엄마와 함께 미옥이네 집에 놀러 갔었다. 엄마는 엄마들끼리 수다를 떨고, 자잘이는 미옥이와 컴퓨터 게임을 했다. 게임은 매번 자잘이의 승리로 끝났다. 상대도 안 되는 미옥이와의 승부가 재미있을 리 없던 자잘이는 자판에서 손을 떼며 말했다.

"나 이제 안 해."

그러자 미옥이가 더 놀자며 졸랐다.

"왜, 조금 더 가르쳐 줘."

"그러면 너는 나한테 뭘 해 줄 건데?"

미옥이는 자잘이가 먹을 거라면 정신을 놓는 아이라는 걸 알고 있었기에 이렇게 대답했다.

"수박 갖다 줄게."

이미 30분 전에 어른들과 함께 수박을 먹었지만 자잘이의 입은 언제나 먹을 것을 위해 열려 있었다.

"좋아, 가져오도록. 대신 울 엄마 몰래."

미옥이는 자잘이에게 수박을 가져다주었다. 자잘이는 단숨에 수박을 먹어 치우고 다시 게임을 했다. 그러나 이번에도 역시 자잘이의 승리.

"수박 이젠 지겹다. 다른 거 뭐 없어?"

미옥이는 억울하다는 듯 아랫입술을 질끈 깨물고 어젯밤에 아빠가 사다 주신 고급 아이스크림을 갖다 바쳐야 했다.

게임이 서너 판 진행되는 동안에 자잘이는 그 큰 아이스크림을 혼자 다 먹어 치웠다. 그런데 문제는 그다음이었다. 자잘이는 방귀가 나오려는 느낌이 들어 똥구멍에 살짝 힘을 주었다. 그런데 그만…….

"아휴, 이게 무슨 냄새지?"

미옥이가 코를 잡고 자잘이를 쳐다봤다. 자잘이는 차마 고개를 돌릴 수 없었다. 느낌으로 알 수 있었다. 방귀만 나온 것이 아니라는 걸. 컴퓨터 모니터만 뚫어지게 바라보는 자잘이의 얼굴은 새빨개졌고 숨조차 제대로 쉴 수 없었다.

'이건 내 인생 최대의 실수야!'

자잘이는 잊고 싶은 기억에 식은땀을 흘리며 힘없이 말했다.

"지금은 휴식 시간이야. 이제 일어나서 또 뛸 거라고!"

"알아서 해. 네가 얼마나 열심히 캠프 생활을 하느냐에 따라서 그날의 일이 우리 학교 톱뉴스가 되느냐, 내 머릿속에서 완전히 지워지느냐가 결정될 테니까."

"알았다고!"

자잘이는 버럭 소리를 지르고 전화를 끊어 버렸다. 그리고 빼빼 마녀 선생님을 노려봤다.

'혹시 선생님도 그 사건을……?'

빼빼 마녀 선생님은 싱글싱글 미소를 지으며 자잘이에게서 휴대 전화를 받아 들었다.

"휴식 끝!"

선생님이 힘차게 일어섰다. 그러나 따라 일어서는 아이는 없었다.

"그래, 오고 싶지 않은 사람은 오지 않아도 좋다. 그러나 난 너희들의 안전을 끝까지 책임질 수 없다. 이 근처에는 사람이 살지 않아. 대신 사나운 맹수들이 살고 있지. '크아아앙' 늑대나 '스걱스걱' 독사, 심지어 귀신이 나온다는 소문도 있던데……."

빼빼 마녀 선생님은 굳이 목청을 돋우지 않고, 그저 들을 사람만 들으라는 듯 조용조용 말했다. 오히려 그게 더 무서워서 아이들은 겁에 질린 얼굴로 귀를 쫑긋 세우고 듣고 있었다. 선생님은 속으로 미소를 지으며 말을 이어 갔다.

"지금부터 부지런히 뛰어가야, 해 떨어지기 전에 맛있는 치킨이 기다리고 있는 우리 캠프로 돌아갈 수 있다. 자, 그럼 따라올 사람만 따라오시길……."

그러고는 어느새 혼자서 저만치 앞서 걷기 시작했다. 자잘이는 늑대니 독사니 하는 말을 조금도 믿지 않았다. 세상에, 저런 엄포를 놓다니! 유치원 애들한테나 통할 법한…… 어? 그런데…… 주저앉았던 아이들이 누가 먼저랄 것도 없이 벌떡벌떡 일어나 빼빼 마녀 선생님의 뒤를 따르기 시작하더니, 금세 모두 사라져 버렸다. 지나가는 사람 하나 보이지 않는 이런 곳에 혼자 남겨지는 것은 마지막 남은 피자 한 조각이 없어지는 것과 맞먹는 무시무시한 일이었다. 게다가 이렇게 뒤처져 있다가 정말 미옥이가 그날의 일을 떠벌리기라도 하면……! 자잘이는 어쩔 수 없이 지치고 지친 물컹한 몸뚱이를 있는 힘을 다해 달리기 시작했다. 5분이나 달렸을까? 친구들의 실룩이는 엉덩이가 겨우 보이기 시작했다. 그제야 자잘이는 거친 숨을 가라앉히기 위해 멈춰 섰다. 가슴이 '뻥' 터져 버릴 것 같았다.

"헉헉…… 헉……."

갑자기 서러움이 밀려왔다.

'하늘은 왜 모를까? 나는 운동이 적성에 맞지 않다는 것을. 하늘은 왜 이다지도 인정이 없을까? 그냥 내가 하고 싶은 것만 하고 살면 안 되는 걸까?'

자잘이의 머릿속에 온갖 원망이 뭉게뭉게 피어났다. 그러다 문득, '이 근처에 정말 사람이 없을까?' 하는 의문이 들었다. 자잘이는 조금 전 미옥이의 협박도 까맣게 잊어버리고 허리춤에 숨겨 둔 스마트폰을 꺼내 들

었다. 휴대 전화는 캠프 참가 때 모두 압수했지만, 초울트라 슈퍼 뚱뚱이이자 초울트라 슈퍼 잔머리 대장이기도 한 자잘이는 교묘하게 자기 것을 숨겨서 들여왔다. 자잘이가 사람 검색 시스템을 작동시키자, 곧 대한민국의 지도가 뜨고 현재 자잘이의 위치와 앞서 간 친구들의 움직임이 표시되었다. 설마설마했지만 빼빼 마녀 선생님의 말은 사실이었다.

"이럴 수가……."

그깟 다이어트를 위해 어린이를 이렇게 고생시킬 리가 없으며, 분명 아주 가까운 곳에 캠프가 있고 또 만일의 사고를 대비해 의사들도 대기하고 있을 것이라고 자잘이는 생각하고 있었다. 하지만 지금 자잘이가 있는 곳은 사방이 온통 숲이었다. 사람이 살고 있는 곳이 아니었다. 자잘이는 또다시 눈앞에서 사라진 친구들을 향해 소리를 지르며 달리기 시작했다.

"스톱! 스톱! 같이 가!"

그때였다. 스마트폰에서 "삐익 삑." 하는 소리와 함께 노란 점 5개가 깜빡였다. 이건? 근처에 사람이 있다는 정보였다. 그것도 5명.

"흥, 그럼 그렇지. 분명 여기가 캠프야."

자잘이는 풀쩍 뛰어올라 허공에 대고 하이파이브를 했다. 선생님과 아이들이 달려간 방향은 노란 점에서 점점 멀어져 가는 방향이었다. 그렇다면 조금 갔다가 되돌아올 게 분명했다. 역시 빼빼 마녀 선생님이 속임수를 쓴 것이다.

"그럼 고생들 하라고!"

자잘이는 오른쪽으로 난 샛길로 방향을 틀었다. 곧 소나무 향기가 그득한 숲이 나타났다. 소나무 숲 건너편까지 1km라고 스마트폰이 알려 주었다. 자잘이는 숲을 가로지르기 시작했다.

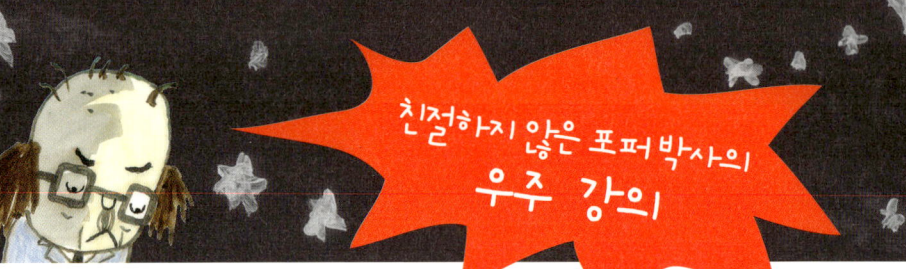

친절하지 않은 포퍼박사의
우주 강의

안녕, 난 포퍼야. 우주 박사 포퍼. 날 부를 때 박사를 빼먹지 마. 내가 박사가 되려고 얼마나 열심히 공부했는데, 그걸 빼놓고 부르면 저 넓은 우주만큼 섭섭할 거라고. 이제 우주 강의를 시작할 텐데 말이야, 우주 공간에 있는 다양한 천체들의 개념부터 짚고 넘어가자고.

· **운석** 우주에 떠돌고 있던 돌덩이가 지구로 날아오면 지구의 대기와 마찰을 일으키고 그 마찰열에 의해 대부분 타 버리고 말아. 그런데 다 타서 없어지지 않고 끝까지 버티면서 지구에 떨어진 돌을 운석이라고 해.

· **유성** '별똥별'이라고도 하지. 운석이 지구 대기에 들어올 때 공기와의 마찰로 가열되어 빛을 내는 것을 말해. 유성이 다 타지 않고 지구로 떨어지면 뭐라고? 운석이라고!

· **위성** 지구의 위성은 달! 위성은 행성이 당기는 힘에 의해 그 행성 둘레를 돌고 있는 천체야. 태양계 행성 중 수성과 금성을 제외한 나머지는 모두 위성을 가지고 있어. 지구는 위성이 하나뿐이지만 화성은 2개, 목성과 토성은 70개도 넘게 있다고! 그런데 혹시 또 모르지, 수성과 금성에도 아주 작아서 지구인이 발견 못 하고 있는 위성이 있을지도.

· **혜성** 태양계 바깥쪽에 오르트 구름이라는 것이 있는데, 이 구름 속에 있다가 알 수 없는 이유로 태양 주변으로 떨어져 나오는 물질 덩어리를 혜성이라고 해. 이때 혜성의 겉에 있는 얼음과 먼지가 증발하면서 꼬리가 나타나지. 그런데 혜성은 그 궤도를 알 수가 없어서 지구와 충돌할 가능성도 있어! 혜성은 순우리말로 '살별'이야.

· **항성(별)** 천체 내부의 핵융합 반응에 의해 만들어진 에너지로 스스로 빛을 내는 천체를 말해. 대표적인 것으로는 태양을 들 수 있지.

- **행성** 일정한 궤도로 항성 주위를 도는 천체를 말하는 거야. 지구도 여기에 포함되지. 행성은 스스로 에너지를 만들어 내지 못하고 항성의 빛을 반사하여 빛을 내지.
- **왜행성** 명왕성은 과거에는 태양계의 9번째 행성이었거든. 그런데 명왕성과 비슷한 크기의 천체들이 여럿 발견된 거야. 그래서 이런 천체들을 '왜행성'이라는 이름으로 따로 분류하게 됐지.
- **소행성** 왜행성보다도 크기가 작은 천체들이야. 질량이 작으니까 중력이 충분하지 않아서 둥근 모양을 유지하기가 어려워. 그래서 행성이나 왜행성과 달리 울퉁불퉁한 모양도 아주 많아. 우주에 떠다니는 바위 덩어리라고 생각하면 돼. 옛날에 소행성이 지구에 충돌해서 공룡이 멸종했다고 주장하는 학자도 있다고.

자, 이 정도 알았으면 질문을 해도 좋아.

우주는 얼마나 넓은가요?

우주의 입장에서 보면, 한 인간은 먼지일 뿐이야. 지구도, 태양도, 태양을 포함한 태양계도 모두 먼지처럼 작고 하찮은 존재일 뿐이야. 그만큼 우주는 넓다는 거지. 상상할 수도 없어. 인간은 아직 우주의 끝이 어딘지도 몰라.

우선 태양과 지구를 보면 태양은 지름이 지구보다 109배나 크고 부피는 130만 배나 되는데, 하늘에 있는 태양을 보면 손톱만 해 보이지. 그건 그만큼 멀리 떨어져 있기 때문이야.

태양계에는 태양과 지구뿐 아니라 수성, 금성, 화성, 목성, 토성, 천왕성, 해왕성 등의 행성들과 왜행성, 소행성, 위성 등 수많은 천체들이 있지.

하지만 이렇게 거대한 태양계는 우리은하의 아주 작은 일부분일 뿐이야. 우리은하는 '은하' 또는 '은하계'라고도 불리는데, 우리은하에는 태양 같은 항성이 1000억 개나 있지. 그중 10분의 1은 태양처럼 행성을 가지고 있고.

우리은하 역시 30여 개의 은하계로 구성된 국부 은하군의 일부이고, 국부 은하군은 수천 개의 은하군이 모인 은하단과 또 그 은하단들이 모인 초은하단의 일부이지. 그리고 초은하단이 모이면……

이제 우주가 얼마나 큰지 짐작이 가? 한마디로 우주는 그 끝을 알 수 없어. 그러니까 사소한 일로 싸우지 말고 속상해하지 말고 살자는 거야. 우주에서 인간은 먼지 같은 존재일 뿐이라고. 먼지끼리 서로 잘났다고 싸운다고 생각해 봐. 우습지 않아?

그런데 왜 반말이냐고? 먼지끼린데 뭐 어때?

광년이 뭐예요?

우주는 너무 거대해서 우리가 평소 사용하는 길이 단위로는 도무지 그 크기를 가늠할 수 없어. 그래서 빛의 속도를 이용하여 거리를 재지. 빛은 1초에 약 30만 km

를 가거든. 즉 1초 동안 지구를 7바퀴 반이나 돌 수 있어. 빛은 태양에서 지구까지 8분 20초면 오니까, 태양은 지구에서 약 8광분만큼 떨어져 있다고 하지. 빛은 1년이면 10조 km를 가. 빛이 1년 동안 가는 거리를 1광년이라고 해.

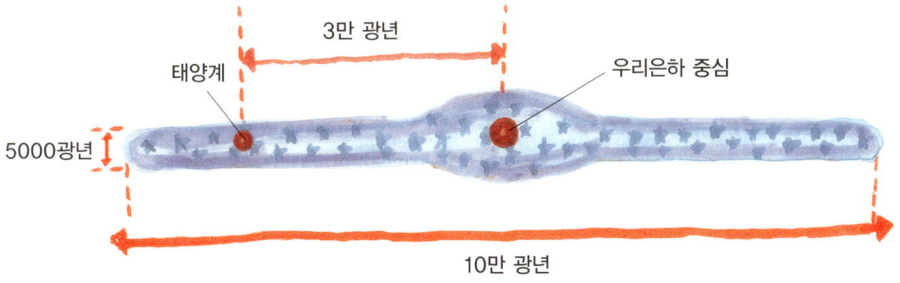

우리은하는 지름이 10만 광년이나 되는, 가운데가 볼록한 원반 모양이고, 태양 부근에서의 두께는 약 5000광년이야. 태양계는 우리은하의 중심에서 약 3만 광년 떨어져 있단다.

천문학은 언제, 어떻게 시작되었나요?

우주에는 무엇이 있으며 어떤 모습을 하고 있을까? 우주의 끝은 어디일까? 우주는 언제, 어떻게 생겨났으며 언제까지 계속될까? 이런 물음들에 대한 답을 연구하는 것을 천문학이라고 해.

천문학은 지금으로부터 약 5000년 전 중동과 극동 지역의 문명사회에서 시작되었다고 본단다. 고대의 성직자들은 일반인들에게 하늘에서 일어나는 일들, 즉 천둥, 번개, 계절의 변화 등에 대해 설명해 줘야 했어. 그러다 보니 자연스럽게 하늘을 지켜보며 연구를 하게 되었지. 기원전 3000년경부터 하늘을 관찰했다는 기록이 있어. 별을 보고 인간의 운명을 예언하는 점성술도 이때부터 시작되었지.

고대 그리스에서는 천문학이 급속도로 발전했어. 철학자들은 '우주는 과연 무엇인가?', '인간은 이 끝없는 우주에서 어떤 존재인가?' 하는 문제들을 깊이 생각했고, 일식을 예측하기도 하고, 지구의 크기를 측정하거나 별의 목록을 만들기도 했어. 그 옛날에 벌써 지구가 태양 주위를 돈다고 예측한 사람도 있었으니, 대단하지?

그 뒤 끊임없는 과학의 발달과 함께 우주의 비밀이 하나하나 밝혀지면서 지금에 이르렀지. 하지만 아직 멀었어. 우리가 갖고 있는 우주 지식은 먼지만큼 작은 것일 뿐이니까.

우주는 맨 처음 어떻게 시작되었나요?

현재 가장 그럴듯하게 받아들여지는 건 바로 '빅뱅 이론'이야. 우주가 약 137억 년 전 아주 작은 하나의 점에서 폭발했다는 이론으로, 이러한 폭발 뒤에 우주에는 원자나 분자, 먼지, 가스 등이 생겨났고, 별과 은하가 생겨났으며, 우주는 지금도 풍선이 부풀어 오르는 것처럼 팽창을 계속하고 있다는 내용이지.

이 이론은 러시아계 미국인 과학자 가모프가 1948년에 발표한 것인데, 빅(big)은 '크다'라는 뜻이고 뱅(bang)은 '꽝' 하는 소리야.

그렇다면 빅뱅 이전에 우주는 어떤 모습이었을까? 그걸 연구하는 사람들이 많지만 아직 그 누구도 정확한 답을 내놓지 못하고 있어. 우주에는 아직도 밝혀내야 할 사실들이 어마어마하게 많아. 인류의 우주 연구는 앞으로도 쭉 계속될 거야.

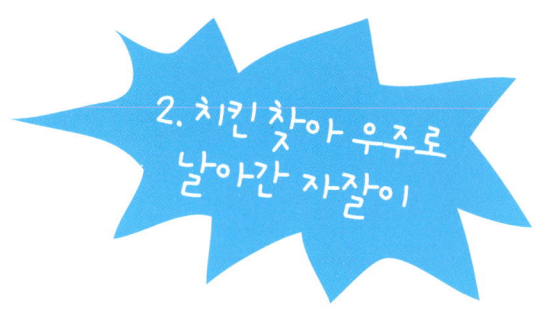

2. 치킨 찾아 우주로 날아간 자잘이

"카운트다운 10분 전!"

포퍼 박사의 카랑카랑한 외침이 우주 탐색 연합 전체를 팽팽한 긴장 속으로 몰아넣었다. 아니 따지고 보면 지구 전체의 긴장이라고도 할 수 있었다. 지구의 운명이 걸려 있을지도 모르는 중요하고 또 중요한 작전이 시작되는 순간이 아니던가?

운석의 메시지를 해석함으로써 외계인이 존재한다는 사실은 거의 확실해졌다. 그렇다면 그들은 어떤 외계인일까? 그 생김새는 어떨까? 문화는? 과학 기술은? 그들은 지구인의 친구가 될 수 있을까? 아니면 적일까? 확실한 답은 하나도 모른 채, 어쩌면 아주 위험할지도 모르는 우주 작전이 곧 시작되려 하고 있었다.

우주선 코스모스호에서는 최정예 우주인들이 긴장한 얼굴로 모니터를 통해 포퍼 박사를 보고 있었다. 긴장한 얼굴? 정말일까? 사실 심각한 얼굴로 앉아 있는 우주인들의 모습은 홀로그램 이미지였다. 진짜 우주인들은 우주선 밖에 있었다. 그들은 벌써 한 시간 전부터 소나무 숲에서 독수리를 구워 먹고 있었다. 포퍼 박사가 목에 핏대를 세우며 이번 임무의 중요함을 강조할 때부터.

소피아, 마르셀, 폴, 압둘라, 나춘자. 이들은 지구 최고의 우주인들이다.

선장

"지구에서 먹는 마지막 음식이 독수리란 말이지?"

이름 소피아
국적 러시아
나이 39
별자리 궁수자리

통신 담당

"이번이 마지막이야. 난 다시는 포퍼 대머리랑 일 안해!"

이름 마르셀
국적 프랑스
나이 30
별자리 물고기자리

수리 담당

"한심한 인간들. 난 너희들과 같은 팀이 됐다는 게 못 견디게 수치스러워."

이름 폴
국적 미국
나이 33
별자리 처녀자리

연구 담당

"이제 곧 월드컵 기간인데 우주에서 시청할 순 없나?"

이름 압둘라
국적 방글라데시
나이 27
별자리 황소자리

탐사 담당

"그런데 이번 임무가 뭐라는 거야?"

이름 나춘자
국적 대한민국
나이 25
별자리 사자자리

그들은 어떤 임무에든 자신이 넘쳤고, 그 능력만큼이나 별난 성격을 지니고 있었다.

한 시간 전, 압둘라가 말했다.

"언제나 그렇지만 지금 떠나면 다시 돌아올 수 있을까 하는 생각이 들어. 겁도 나고."

그러자 마르셀이 날카롭게 쏘아붙였다.

"재수 없는 소리 하지 마!"

이번엔 나춘자가 말했다.

"아, 우주 식량 먹는 일만 아니면 나는 돌아오지 않아도 좋아. 툭하면 싸우고 서로 잘났다고 소리나 질러 대는 사람들로 넘치는 이깟 지구, 조금도 그리울 일 없을 거야."

나춘자가 툭 던진 말에 모두의 눈이 동그랗게 커졌다. 나춘자는 작고 검은 알약을 꺼내 보이며 말을 이었다.

"도대체 이걸 어떻게 먹고 사느냐 말이야!"

"웩, 염소 똥!"

압둘라가 입을 벌리며 구역질 시늉을 했다.

하루에 한 알만 먹으면 아무것도 먹지 않고 하루를 살 수 있는 우주 식량. 그만큼 영양가는 매우 높았지만 그 맛은 음식이라 부르기 어려울 정도였다. 사실 지구에서 먹는 것과 똑같은 맛을 내는 우주 건조 식품은 이제 1000여 가지가 넘었다. 그러나 이번 임무는 한시도 방심을 해서는 안 되는 특수한 임무였다. 그래서 음식에 신경을 쓰다가 임무를 그르치게 되는 일이 없도록 포퍼 박사는 고농축 영양 알약을 우주 식량으로 선

택했다.

"그래, 그거야. 지구에서의 마지막 만찬!"

선장인 소피아가 벌떡 일어나며 외쳤다. 그리고 기기를 작동해 자신과 꼭 닮은 홀로그램 이미지를 만들어 자기 자리에 앉혔다. 누가 먼저랄 것도 없이 다른 우주인들 역시 소피아를 따라 하고는, 모두 우주선을 빠져나왔다.

일제히 환호성을 지르며 숲으로 들어선 우주인들의 눈에 하늘을 나는 독수리들이 들어왔다. 지구 최고의 특등 사수들에게 독수리를 잡는 것쯤은 어려운 일이 아니었다. 팀의 막내인 나춘자가 레이저 총을 빼 들었다. 그리고 발사.

떨어진 독수리를 찾아오는 일은 압둘라가 맡았다. 압둘라는 정확히 독수리가 떨어진 방향을 예측하고 1km를 2분에 달리는 육상 기록의 소유자답게 순식간에 독수리를 찾아왔다.

불을 지피자 그 위에서 독수리들이 맛있게 익어 갔다.

소나무 숲의 향기는 점점 치킨 냄새로 변해 갔다. 숲속에 어둠이 깔리기 시작하자, 자잘이는 시간을 확인했다. 오후 4시. 다른 곳 같으면 아직 대낮이겠지만 지리산의 울창한 숲은 서둘러 밤의 어둠을 끌어당겼다. 그러나 자잘이는 전혀 겁나지 않았다. 치킨 냄새가 점점 가까워지고 있지 않은가?

"그러면 그렇지, 내 짐작이 맞았어. 이 길이 바로 캠프로 가는 지름길인 거야. 푸하하하!"

자잘이는 자신도 모르게 달리고 있었다. 나무 사이사이로 폭포가 쏟아져 내리듯 마구 풍겨 오는 고소한 치킨 냄새가 자잘이를 정신없이 달리게 만들었다.

냄새를 쫓아 막 소나무 숲을 벗어났을 때, 자잘이는 그만…… 그 자리에 얼어붙고 말았다.

자잘이의 눈앞에는 거대한 기둥, 아니 공상 과학 만화 영화에서나 봤음 직한 거대한 우주선이 우뚝 서 있었다.

우주선으로 올라가는 사다리 끝에는 마치 자잘이를 기다리고 있었다는 듯 문이 활짝 열려 있었다. 자잘이는 크게 심호흡을 했다. 두려움과 호기심이 뒤범벅되어 자잘이의 마음이 흔들렸다.

'올라가 볼까? 무섭다. 올라가지 말까? 궁금하다.'

자잘이는 머뭇거리다 마침내 용기를 냈다. 그리고 사다리를 디디며 오르기 시작했다.

"자, 이제 그만들 일어나지. 5분 전이야."

소피아의 명령이 떨어지자 우주인들은 입을 우물거리며 일어나 달리기 시작했다. 세계 기록에 버금가는 달리기 실력을 가진 우주인들은 차례차례 사다리를 타고 우주선 안으로 뛰어들었다.

하지만 맨 뒤에 처진 나춘자가 사다리를 다 오르기도 전에 사다리가 우주선에서 떨어져 나가기 시작했고, 추진 장치는 어느새 불꽃을 내뿜고 있었다. 나춘자의 얼굴에 공포가 밀려왔다. 그때 나춘자 앞으로 밧줄 하나가 날아왔다.

나춘자는 능숙하게 몸을 날려 밧줄을 잡았다. 드디어 우주선이 발사되고, 나춘자는 밧줄을 잡고 대롱대롱 매달려 있다가 우주선이 100층 높이쯤 올라갔을 때 가까스로 우주선 안으로 몸을 들여놓을 수 있었다. 이제 막 서쪽으로 넘어가는 붉디붉은 태양 빛이 아름답게 빛나고 있었다.

그러나 아무도 몰랐다. 코스모스호에 자잘이가 타고 있다는 사실을!

친절하지 않은 포퍼 박사의 우주 강의

우주인이 되려면 어떤 자격을 갖추어야 하나요?

몰라서 물어? 당연한 것을. 튼튼한 체력을 유지하면서 열심히 공부하면 되는 거야. 오늘 강의 끝!

어, 그렇다고 그렇게 째려보면 어떡해? 좋아, 우주인 선발과 훈련 과정을 알면 우주인이 되기 위해 어떤 준비를 해야 할지 감이 잡히겠지?

대한민국 최초의 우주인이 누구인 줄은 다 알 거야. 바로 이소연. 이소연은 우리나라에서 서류 심사와 1, 2, 3차 시험을 통과하고, 러시아에서 치러진 4, 5차 시험을 모두 통과하여 우주인이 될 수 있었어. 결코 쉬운 과정이 아니었지.

1, 2차 시험은 3.5km 달리기 등 기초 체력 평가와 영어, 일반 상식, 면접 등으로 이루어졌어. 3차 시험에는 창의력 평가, 과학 실험 능력 평가, 면접, 뇌파 검사, 정신 심리 검사, 우주 적성 검사 등이 있었지.

지원자 3만 6000여 명 중 3차 시험까지 통과한 사람은 단 10명. 이들 중 8명이 러시아의 가가린 우주인 훈련 센터로 가서 4, 5차 시험을 치렀지.

우주선이 이륙하고 착륙할 때 발생하는 중력 가속도를 이겨 낼 수 있는가를 알아보는 시험에서는 가슴이 터질 것 같고 핏줄이 끊어질 것 같은 고통을 참아 내야 했어. 그리고 스페이스 캠프 평가에서는 무중력 상태의 우주 생활을 체험하면서 로켓 발사 장치를 만들었지. 이건 우주선 안에서 주어진 임무를 얼마나 잘 해낼 수 있는가를 알아보는 시험이야.

마지막으로 무중력 비행 시험과 수중 유영 시험도 있었어. 무중력 비행 시험은 우주선 안의 무중력 상태에서 얼마나 잘 적응할 수 있는지 알아보기 위한 것이야. 수중 유영 시험은 물속에서 이루어졌는데, 물속에서 부력을 적절히 이용하면 우주 공간의 무중력 상태와 비슷해지거든. 그러니까 이 시험은 우주선 밖의 우주 공간에서 임무를 제대로 해낼 수 있는가 알아보는 거지.

그리고 다시 한국에 돌아와 국제 우주 정거장 가상 인터뷰, 인터넷 인기 투표, 친화력 평가 등을 통해 드디어 이소연과 고산 두 사람이 대한민국 최초의 우주인 후보로 뽑혔지.

그럼 이게 끝이냐? 천만의 말씀. 진짜 시험은 이제부터인 거야. 바로 우주 임무를 수행할 때 생길 수 있는 다양한 위험에 대비하는 훈련!

우주인 후보들은 특수 부대 훈련과 다를 바 없는 동계 생존 훈련, 해양 생존 훈련을 이겨 내야 했고, 복잡한 우주선의 구조도 모두 외우고 익혀야 했지.

그럼 여기서 우주선 구조에 대해 살펴볼까?
로켓에 의해 쏘아 올려지는 우주선은 아래 그림과 같이 세 부분으로 나눌 수 있어.

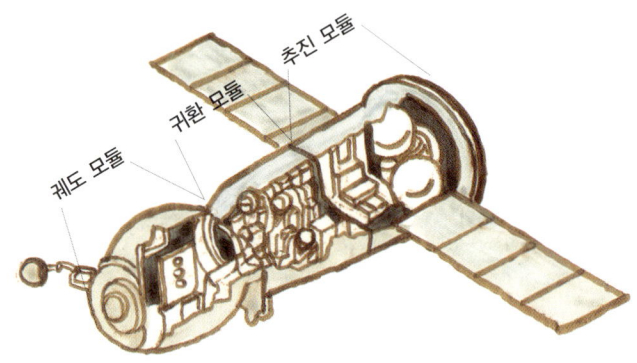

궤도 모듈은 우주 정거장이나 다른 우주선과 도킹(우주선이나 인공위성 등이 우주 공간에서 서로 결합하는 것)할 때 사용되는 우주선의 일부분이야. 이곳에는 도킹 장치와 각종 실험 기구들이 설치되어 있는데, 우주인이라면 여기 있는 모든 기기를 능숙하게 다룰 줄 알아야 해.

귀환 모듈은 지구로 돌아올 때 우주인이 탑승하게 되는 부분인데, 안에는 우주인 3명이 간신히 끼어 앉을 수 있는 의자가 있고 나머지 공간에는 복잡한 계기판과 기기들이 빽빽하게 설치되어 있지. 물론 이 기기들도 능숙하게 조작할 줄 알아야겠지.

추진 모듈은 지구로 돌아올 때 궤도의 이동을 위해 가동되는 추진기와 나머지 모듈을 지원하는 기기들이 들어 있는 곳이야. 우주인은 이곳의 기기 작동에 대해서도 충분히 알고 있어야 하지.

이번엔 생존 훈련에 대해 알아보자.
로켓이 발사될 때 우주선에서 연료가 샌다든지 하는 위험이 닥치면 우주인이 타고 있는 모듈만 신속히 분리시켜 탈출해야 하는데, 이때 어디로 떨어질지 알 수 없겠지? 사막이나 바다, 북극이나 남극에 떨어질 가능성도 있다고. 그래서 생존 훈련이 필요한 거야.

추운 지역에 불시착하는 경우를 대비해 영하 60℃까지 견딜 수 있는 특수 방한복을 입고, 구조 헬기가 올 수 있는 곳까지 이동한다거나, 바다에 떨어졌을 때를 대비해 재빨리 우주복을 벗고 방수복과 구명복으로 갈아입는 훈련을 해. 모듈 안은 아주 좁고 숨을 쉬기 어렵기 때문에 최대한 빨리 옷을 갈아입고 빠져나와야 한다고.

그러면 이제 우주복에 대해 알아보자.

이소연이 입은 우주복은 러시아 우주복 소콜(sokol)이었어. 상하의 일체 복장, 헬멧, 장갑, 구두로 이루어졌는데, 앞쪽에 V 자형 지퍼가 달려 있어 그곳으로 몸을 넣고 빼는 거야.

이 우주복은 극한의 상황에 대비하기 위해 최첨단 섬유로 만들어졌고, 가슴에 달린 레귤레이터로 우주복 안의 압력을 일정하게 유지할 수 있어. 또 신체 케이블이 달려 있어 우주인의 몸 상태를 항상 체크할 수 있지. 가격은 무려 5억 원이 넘어.

이 복잡한 우주복을 3분 안에 입을 수 있어야 해. 우주의 진공 상태에 사람의 몸이 노출되면 3분밖에 살 수가 없으니까, 만약의 사태를 대비하려면 말이야.

우주선을 쏘아 올리는 데 꼭 로켓이 필요한가요?

아직까지는 절대적으로 로켓의 기술이 필요해. 우주선 자체의 힘으로는 지구 밖으로 날아가기 힘들기 때문이지. 그렇지만 언젠가는 로켓이 필요 없는 우주선이 개발될 거야. 지금 과학자들이 머리에 띠 두르고 코피 흘려 가며 연구하고 있으니까.

로켓 이야기를 좀 더 해 보자. 우선 로켓의 역사를 좀 알아야겠군.

1200년경 중국에서 화약의 힘으로 불을 뿜으며 날아가는 '화전'이라는 무기가 개발됐고, 우리나라는 세종 대왕 때 '신기전'이라는 무기가 있었지만, 지금의 로켓 형태는 2차 대전 때 나타났지. 1942년 독일에서 V2라는 엄청난 파괴력을 가진 로켓이 개발된 거야.

그 후 인공위성이나 우주선을 쏘아 올리기 위해 구소련과 미국에서 로켓 개발에 열을 올렸지. 1957년 구소련의 스푸트니크 1호는 84kg의 금속 공 모양을 한 세계 최초의 인공위성이었는데 이를 지구 궤도에 올려놓은 것도 로켓(스푸트니크)이고, 1958년 미국 최초의 인공위성인 익스플로러 1호를 쏘아 올린 것도 로켓(주노 1호)이었어. 이후 미국은 달 탐사를 목적으로 새턴 5호를 개발해 달 표면에 인간의 발자국을 남길 수 있었지.

그런데 말이야, 인공위성이나 우주선을 쏘아 올리고 나면 그 로켓은 다시 사용할 수 없게 되거든. 그 엄청나게 비싼 로켓이 일회용이라니! 그래서 비행기처럼 날아갔다가 착륙하고 다시 날아갈 수 있는 우주 왕복선이 개발됐어.

로켓 발사

지금의 우주 왕복선은 고체 연료 부분과 궤도선으로 나눌 수 있는데, 발사가 시작되면 궤도선 양쪽에 달린 고체 연료 로켓과 궤도선 뒤에 달린 3개의 주 엔진에서 강력한 추진 에너지가 뿜어져 나와 날아오르게 되지. 고도 45km에 도달할 때쯤이면 고체 연료 로켓이 분리되어 낙하산을 타고 바다에 떨어지게 되고, 이 로켓은 수거해서 다시 사용할 수 있어. 궤도선은 주 엔진을 이용하여 외부 연료 탱크에서 연료를 공급받으면서 계속 올라가고, 발사 8분 30초쯤 뒤에는 외부 연료 탱크가 분리돼. 이 탱크는 떨어질 때 지구 대기와의 마찰 때문에 파괴되어 버리지. 발사 후 10분쯤 되면 궤도선은 우주 정거장과 도킹을 하거나 지구 궤도를 돌면서 임무를 수행하고, 임무를 마치면 대기권으로 들어와 비행기처럼 착륙하는 거야.

궤도선은 보통 위층에 비행 조종실이 있고 중간층에 화장실, 침실, 식당, 창고 등이 있어. 아래층은 주 엔진 부분이고.

우리가 영화에서 흔히 보는 우주선, 그러니까 로켓 없이 비행기처럼 날아올라 지구를 벗어나고, 내부에서는 자유롭게 움직이며 지구에서와 똑같은 생활을 할 수 있는 우주선은 아직 개발되지 않았어.

그렇지만 머지않아 그런 날이 올 거야. 들어 보라고, 우주 과학자들이 땀 흘리는 소리를. 똑, 똑, 주르륵, 주륵.

궤도 비행

외부 연료 탱크 분리

귀환 및 착륙

고체 연료 로켓 분리

우주 왕복선 발사

3. 오호, 횡재로다. 우주 여행!

코스모스호는 대기권을 벗어나 안전한 궤도에 올랐다. 우주 진입에 성공한 것이다.

"이야호!"

"캬악!"

"푸하하하."

우주 탐색 연합의 연구원들은 환호성을 질러 댔다. 이제는 옛날처럼 우주선을 쏘아 올릴 때 실패할 확률은 거의 없었다. 그만큼 지구의 과학기술은 발전했다. 그럼에도 매번 긴장과 침묵 속에서 우주선이 안전한 궤도에 올라설 때까지 지켜보아야 했다. 단 1mm의 오차도, 먼지만 한 실수도 있어서는 안 되는 일이었다.

다른 연구원들이 하이파이브를 하고 환호성을 질러 대고 있을 때 포퍼 박사가 조용히 한마디 했다.

"역시 나는 훌륭해. 아주 훌륭해."

안도의 한숨을 내쉬기는 코스모스호의 우주인들도 마찬가지였다. 수없이 해 온 일이지만, 매번 긴장하지 않을 수 없는 일이 우주 비행인 것이다.

"알파 궤도 21.82, 감마 궤도 549.763, 정상 궤도 진입."
"통신 라인 이상 무."
"광속 0.975, 접촉 온도 673 PPO. 이상 무."
"오케이, 올 클리어. 다들 수고했어."
선장인 소피아가 코스모스호의 성공적인 우주 궤도 진입을 선언했다.
"밤바비랑, 꿍만따."
우주인들은 일제히 환호성을 질렀다. '밤바비랑, 꿍만따'는 우주인들만이 사용하는 주문이었다. 누구든 처음 우주선을 타고 우주로 진입하면 선배 우주인이 이를 가르쳐 준다. 나춘자에게 처음 이 주문을 가르쳐 준 사람은 소피아였다.
"밤바비랑, 꿍만따. 우주에 진입해 본 사람들에게만 전해져 내려오는 주문. 모두들 그렇게 외쳐야 안전하게 지구로 귀환할 수 있다고 믿어. 단, 이 말이 지구의 다른 사람에게 새어 나가지 않는 한 말이야. 그래서 이 주문은 포퍼 박사도 몰라. 그야말로 우주를 비행해 본 우주인들만의 주문이자 암호인 거야."
코스모스호의 우주인들 역시 전해져 내려오는 풍습을 지키지 않을 리 없었다.
"밤바비랑, 꿍만따."
그때였다.
"밤도 좋고 밥도 좋으니 아무거나 먹을 것 좀 줘."
우주인들은 순간 얼어붙어 아무도 고개를 돌리지 못했다. 분명 자신들의 눈에는 각자를 포함하여 5명의 동료가 모두 들어와 있었고, 그들의 입술은 모두 같은 주문을 외치고 있었다. 그런데 다른 소리가 들려오다니, 그것도 인간의 말이. 잠시 침묵이 흐르고, 우주인들은 두려움을 억누르며 소리가 난 쪽으로 천천히 고개를 돌렸다. 그곳에는 자잘이가 세상에서 가장 불쌍한 표정을 지으며 서 있었다.

떨리는 입술을 겨우 떼며 나춘자가 물었다.

"너, 너…… 누구세요?"

"난 자잘인데요, 치킨 냄새 맡고 따라왔거든요. 치킨 다 먹었어도 화내지 않을 테니 아무거나 먹을 것 좀 주세요, 네? 누나."

"오 마이 갓. 어떻게 이런 일이."

압둘라가 말했다. 나춘자가 다시 물었다.

"너, 어떻게 이걸 탔어?"

"말했잖아요. 치킨 냄새 따라왔다고. 난 대한민국 랄라 초등학교 4학년인데요, 다이어트 프로그램에 참여하는 중이었거든요. 그런데 치킨 냄새가 나서 그냥 그 냄새를 따라왔어요."

이번엔 소피아와 마르셀이 앞다투어 말했다.

"네가…… 어떻게 살아 있을 수 있는 거지?"

"10년 이상 우주 비행을 한 우리도 우주복을 착용해야만 견딜 수 있는 우주 진입이야."

유심히 지켜보고 있던 폴이 중얼거렸다.

"이 녀석, 비상 캡슐 안에 숨어 있었는데……."

비상 캡슐! 그것은 우주 진입이나 지구 귀환 시 우주복을 입지 않더라도 압력과 열을 견딜 수 있도록 개발된 캡슐로, 겨우 사람 하나 들어갈 정도의 공간이었다. 이번 우주 비행의 목적은 외계인을 만나는 것으로, 이 캡슐은 행여 외계인을 지구로 데려올 경우가 생기지 않을까 해서 만든 장치였다. 외계인이 어떻게 생겼는지 모르는데 지구인의 몸에 맞게 만들어진 우주복을 가지고 갈 순 없는 노릇이었기 때문이다.

자잘이는 우주선 안을 구경하다가 인기척을 느끼고 캡슐 안으로 숨어 들어갔던 것이다. 그러지 않았더라면 자잘이는……

"꽤나 운이 좋은 녀석이군."

폴이 자잘이의 머리를 쥐어박았다.

"아, 배고프다니깐요. 무슨 어른들이 어린이가 배고프다는데 꿈쩍도 안 해요?"

자잘이가 덤빌 듯 목소리를 높였다.

나춘자가 어느새 우주 식량을 한 알 가져와 내밀었다.

"자, 먹어. 이 대한민국 망신덩어리야."

"이게 뭐야? 먹을 걸 달라니깐!"

"이게 우주 식량이라는 건데, 이거 한 알 먹으면 배가 고프지 않아."

"거짓말하지 마. 지금 누나 입에서도 치킨 냄새가 나는데……"

"우리가 먹은 건 치킨이 아니라 독수리야."

"거짓말 마. 누가 독수리를 먹어? 분명 치킨 냄새였어!"

"네가 어떻게 생각하든 상관없어. 이걸 먹든지 말든지 마음대로 해!"

나춘자는 귀찮은 듯 우주 식량을 탁자 위에 내려놓았다.

"나 그럼 갈래. 문 열어 줘."

자잘이의 말에 우주인들은 또 한 번 할 말을 잃었다. 세상에 이 우주

한복판에서 문을 열어 달라니?

"넌 돌아갈 수 없어. 여긴 우주고 우린 우주선 안에 있고 그러니깐…… 후유, 아무튼 넌 우리랑 함께 임무를 수행할 수밖에 없다고."

소피아가 말했다.

"으아아앙!"

자잘이가 울음을 터뜨렸다. 나춘자가 소피아를 향해 눈을 흘겼다.

"애한테 그렇게 이야기하면 어떻게 해? 겁먹었잖아."

나춘자는 자잘이를 끌어안고 달래기 시작했다.

"괜찮아, 괜찮아. 우린 금방 돌아갈 거야. 엄마도 금방 만날 수 있어."

"밥 달라고, 밥!"

나춘자의 몸에서 힘이 쑤욱 빠져나갔다. 무섭거나 엄마가 보고 싶어서 우는 게 아니고 배가 고파서라니.

"이거 먹으면 배 안 고프다니깐!"

나춘자는 강제로 자잘이의 입을 벌려 우주 식량을 집어넣었다. 그러나 자잘이는 떼쓰기를 멈추지 않았다. "밥 줘!" 아니면 "집에 보내 줘, 집!"을 반복해서 외쳐 댔다.

그때, 지구와의 화상 연결 모니터가 켜졌다. 나춘자는 황급히 자잘이를 화장실 안쪽으로 밀어 넣고, 문고리를 잡은 채 서 있었다. 자잘이의

모습이 지구에 전송된다면 무슨 일이 벌어질지 모른다. 일단 숨기고 보는 게 좋았다.

화면에 포퍼 박사의 얼굴이 나타났다.

"안녕, 난 잘생긴 포퍼 박사. 상태들은 어떤가?"

간단한 안전 점검이 있은 뒤, 포퍼 박사가 말했다.

"자네들의 활약에 지구의 운명이 걸려 있네. 모두 건투를 비네."

모니터는 꺼졌고 다행히 자잘이는 들키지 않았다. 긴장이 풀린 나춘자의 손에서 힘이 빠지자 자잘이가 화장실 문을 열고 나왔다.

"도대체 나한테 왜 이러는 거야. 나 집에 간다니깐!"

"넌 갈 수 없어."

"그럼 먹을 걸 달…… 어?"

자잘이가 갑자기 말을 멈췄다. 배가 전혀 고프지 않았던 것이다.

"어? 배가 안 고프네."

"그래, 요 녀석아. 그게 우주 식량이라는 거다. 알약 하나만 먹어도 하루를 버티는 고농축 우주 식량이라고!"

자잘이는 그제야 진정이 된 듯 주변을 둘러보았다. 여기가 우주선 안이라고? 세상에, 이게 웬 횡재야. 말로만 듣던 우주인이 된 거란 말이야? 지금 내가 우주를 날고 있는 거란 말이야?

"아줌마 아저씨들 임무가 뭐야, 응? 외계인하고 전쟁이라도 났어? 아니지. 외계인을 찾으러 가는 거야? 어디로 가는 건데? 화성? 안드로메다? 태양은 안 들러? 달에 먼저 가는 거야?"

자잘이는 그동안 여기저기서 주워들은 우주에 관한 모든 지식을 쏟아내기 시작했다.

"걔 좀 조용히 시키지 못할 거면 어디 가둬 둘 순 없나?"

폴이 신경질적으로 말했다. 매 순간 긴장을 늦출 수 없는 임무인데, 어린아이 하나 때문에 우주선 안의 분위기가 엉망진창이 되어 버렸기 때문이다. 누구라도 자잘이가 귀여울 리, 반가울 리 없었다. 게다가 이 황당한 사건은 자신들에게 책임이 있었다. 우주선 문을 열어 놓고 독수리를 먹겠다고 자리를 비운 책임. 결코 가볍게 넘길 문제가 아니었다.

"우선 본부에 알려야 해. 애 가족들이 걱정할 걸 생각하면!"

압둘라가 기기를 점검하며 말했다.

"안 돼!"

소피아가 단호하게 말했다. 작지만 함부로 대들 수 없는 권위의 목소리였다. 코스모스호의 선장이 아니던가?

"우리의 임무는 세상에 절대 알려져서는 안 되는 비밀이야. 포퍼 박사의 운석이 사람들에게 알려진다면 엄청난 혼란이 올 거라고. 외계인이 존재하고, 그 외계인이 지구에 메시지를 보냈는데, 우주 전쟁이 어쩌고저 쩌고 써 있다? 아마 하루도 못 가서 참을성 없는 사람들의 반은 미쳐 버리고 말걸. 어쩔 수 없어. 저 아이는 우리가 돌아갈 때까지 비밀이야. 물론 포퍼 박사한테도. 늙은 영감, 우리한테 무슨 잔소리를 퍼부을지 모르니깐."

"그래, 그런 건 나중에 생각해도 돼. 그런데 아줌마 아저씨들의 임무가 뭐냐니깐?"

자잘이가 또 철없이 종알댔다. 그때였다.

"왜애애앵!"

비상등이 켜지면서 사이렌이 울렸다. 우주인들은 황급히 자신들의 자리를 찾아 앉았다.

컴퓨터 모니터에 태양으로 향하는 코스모스호의 표식이 반짝거리고 있었다.

"뭐야 이건?"

"방향을 잘못 잡았어. 태양에서 멀어져 가는 것이 아니라 태양과 점점 가까워지고 있어."

"선장! 10분 뒤 우린 태양 속에서 불타는 치킨이 되고 말 거야!"

"어떻게 이런 일이……."

우주인들의 얼굴이 차갑게 굳어 갔다.

친절하지 않은 포퍼 박사의 우주 강의

우주선 안에서 생활은 어떻게 하나요?

· 음식

우주 탐사 초기에는 치약처럼 생긴 튜브에 음식을 담아 이걸 짜서 먹었지만 지금은 건조된 음식이나 건조 포장된 음식을 먹어. 건조 포장된 음식은 지구에서 먹는 것과 모양도 맛도 크게 다르지 않은데, 숟가락이나 포크를 조심조심 사용해서 먹을 수 있어. 가끔 실수해서 음식물이 공중에 뜨게 되면 숟가락이나 손으로 모아서 먹어야 하는데, 이거 참 재미있을 것 같지 않아?

· 옷

매일 갈아입는 속옷도 있고 편안한 티셔츠와 반바지도 있지. 흔히 우주복이라고 하는 압력복은 우주선 발사와 귀환 때, 그리고 우주선 밖에서 임무를 수행할 때, 이렇게 세 가지 경우에만 입어. 우주복 안에는 오줌을 받아 내는 장치가 있지. 하지만 똥을 받아 내는 장치는 없어. 그러니까 우주복을 입게 될 때는 내가 언제 똥을 누었는지, 언제쯤 소식이 올 거 같은지 잘 생각해야 한다고.

· 잠

잠은 바닥이나 벽에 몸을 붙이고 자. 안 그러면 둥둥 떠다니게 되니까. 그런데 벽에 붙어 서서 자도 바닥에 누워서 자는 것과 차이가 없어. 피가 아래로 쏠리지 않는 무중력 상태니까 다리가 아플 일도 없거든.

· 화장실

알다시피 우주선 안은 무중력 상태야. 손가락 하나로 벽을 살짝 밀어도 몸이 공중에 뜰 수 있지. 그래서 우주인이 사용하는 물건들은 둥둥 떠다니지 않도록 벽이나 바닥에 붙여 놓았다가 떼어 써야 해. 그러니 지구에서 하는 것과 똑같은 방식으로 똥이나 오줌을 누면 어떻게 되겠어? 생각만 해도…… 으아악!

우주에서 사용하는 변기에는 깔때기 같은 것이 붙어 있는 호스가 있어. 이 호스에 몸을 바짝 대고 오줌을 누면 공기의 압력으로 빨려 들어가지. 마치 진공청소기에 빨려 들어가듯 말이야. 이렇게 해서 오줌은 탱크에 모이고, 탱크가 가득 차면 우주선 밖으로 버리지. 그러면 오줌 방울이 순간적으로 얼음이 되어 반짝이는 구슬처럼 보이는데, 아주 아름답다고. 우주 정거장에는 오줌을 깨끗하게 정화해서 마시는 물이나 씻는 물로 다시 쓸 수 있게 해 주는 설비가 갖추어져 있어. 똥은 변기에 엉덩이를 꽉 밀착시키고 10cm 정도의 구멍 안으로 정확히

떨어뜨려야 해. 실제로 많은 훈련을 한다고. 변기에 앉아 손잡이를 작동하면 구멍 속에서 공기를 빨아들여. 그래서 똥이 밑으로 빨려 들어가지. 그런데 이건 우주 밖으로 버리지 않아. 화장지와 함께 지구로 가지고 와서 처리하지. 화장실 사용 훈련도 엄청 힘들겠지? 하지만 적응하면 어렵지 않아.

그 밖의 생활도 크게 불편할 건 없어. 지구에서 충분한 훈련을 한 뒤니까.

우주에 나간 우주인은 무슨 일을 하나요?

우주 정거장에서는 여러 가지 실험과 관측이 이루어지고 있어. 우주인들은 의학, 과학 등 각자 맡은 분야의 실험 과제를 수행하거나, 더욱 완벽한 우주 장비를 개발하기 위한 연구를 계속하고 있지.

물론 우주 정거장의 고장 난 부분을 수리하거나 우주선에 이상이 없도록 정비하는 사람도 있어.

이런 임무를 수행하기 위해 우주선이나 우주 정거장 밖으로 나가야 하는 경우가 있는데, 이를 '우주 유영'

이라고 해. 우주 유영을 위해 우주인들은 지구에서 수중 훈련을 하는 거야.

최초의 우주 유영은 러시아 보스호트 2호의 알렉세이 레오노프가 1965년 3월 18일에 약 12분 동안 우주선 밖으로 나갔다 들어온 거야. 1984년 우주 왕복선 챌린저 호에서 브루스 맥켄들리스 2세는 우주선과 연결된 케이블 없이 최초로 우주 유영에 성공했어. 그리고 1992년 5월 13일 미국의 히브, 아커즈, 투옷은 8시간 30분 동안 우주 유영을 하면서 인공위성을 수리하기도 했지. 세 사람이 동시에 우주 유영을 한 최초의 기록이야. 2001년 3월 11일에는 수잔 헬름스와 제임스 보스가 8시간 56분 동안 우주 유영을 했고, 지금까지 그 기록은 깨지지 않고 있어. 최장 시간 우주 유영에 도전해 볼 사람, 눈 크게 뜨고 하늘을 올려다봐!

우주 정거장과 인공위성은 어떻게 다른 건가요?

우주 정거장에서는 우주 과학 연구와 실험이 이루어지거나, 지구를 떠나온 우주선이 본격적인 활동을 할 수 있도록 식량이나 연료를 공급해 주지.

최초의 우주 정거장은 1971년 발사된 러시아의 살류트 1호야. 이곳에는 3명의 우주인이 탑승하여 22일간 우주에 머무르면서 지구를 관측하고 식물 배양 실험 등의 과학 실험을 했어.

국제 우주 정거장은 1998년 러시아가 전체 우주 정거장의 한 부분인 자랴 모듈을 쏘아 올림으로써 시작되어 미국, 프랑스, 일본 등 16개국에서 참여하여 건설했어. 로켓에 실려 우주로 발사된 여러 장치들로 조립되었지. 2008년 우리나라 최초의 우주인도 이곳에 머물면서 여러 가지 과학 실험을 했어. 국제 우주 정거장은 시속 2만 7740km의 속도로 하루에 지구를 15바퀴 이상 돌고 있단다.

인공위성은 우주 연구 목적보다는 지구인의 필요에 따라 쏘아 올린 기구로, 통신 위성, 방송 위성, 기상 위성, 군사 위성 등이 있어.
우리나라는 1992년 8월 11일 우리별 1호를 쏘아 올림으로써 세계에서 22번째로 인공위성을 보유한 나라가 되었지. 그 뒤로 무궁화 1호(1995년) 및 2, 3, 6호를 발사하여 통신·방송 위성 시대를 열었고, 아리랑 1호(1999년), 2호(2006년)를 발사해 다양한 분야에 활용했어.

천리안 위성은 우리나라가 독자 개발한 통신·해상·기상 복합 정지 궤도 위성이야. 2010년 6월 27일 발사되어 약 10개월간의 시험 운행을 거친 후, 2011년 4월 4일부터 7년 동안 공식 임무를 수행했어. 천리안 위성 덕분에 우리나라는 세계에서 7번째로 기상 위성을 보유한 나라가 되었고, 또한 세계에서 10번째로 정지 궤도 통신 위성 자체 개발국이 되었지. 자랑스럽지 않아? 또 2018년 12월 5일에는 기상 위성인 천리안 위성 2A호가 발사되어 기상 및 우주기상을 관측하고 있어. 그리고 2020년에는 환경 위성인 천리한 위성 2B호도 발사되었단다.

나로호도 인공위성이냐고? 나로호는 우주 발사체야. 운반 로켓이라고도 해. 발사체는 인공위성을 우주 궤도에 올려놓거나 우주 정거장을 조립할 일부분을 쏘아 올리는 데 쓰이지. 우주 관측 망원경같이 우주에서 필요한 기기를 실어 나를 수도 있어. 우리나라가 그동안 쏘아 올린 인공위성은 모두 외국의 발사체를 이용했거든. 나로호는 우리나라에서 개발한 첫 번째 발사체이지. 2009년과 2010년 두 차례의 발사 실패와 수 차례의 연기에 이어 마침내 2013년 1월 발사에 성공, 나로 과학 위성을 궤도에 안착시켰단다. 또 2018년 11월에는 나로호보다 엔진이 더 발달된 누리호의 시험 발사체를 성공적으로 발사했어.

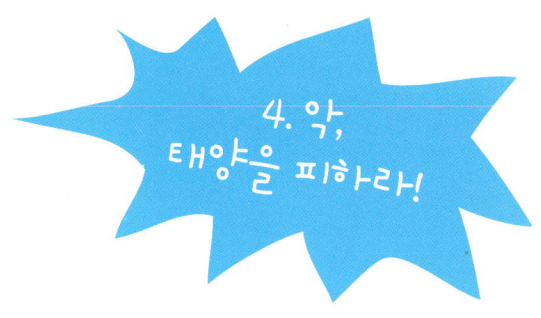

4. 악, 태양을 피하라!

"마르셀, 서둘러. 빨리 방향을 바꿔!"

소피아가 다급히 외쳤다.

"오케이, 선장."

마르셀은 화면을 보며 다급히 키보드를 조작했다. 그러나 우주선의 방향은 바뀌지 않았다. 마르셀의 얼굴에 식은땀이 흘렀다.

"선장, 이건…… 이건…… 뭔가 잘못됐어!"

"뭐라고?"

"암호가 먹히질 않아."

"그게 무슨 소리야?"

소피아의 눈이 휘둥그레졌다.

"말도 안 돼!"

통신 담당인 마르셀은 벌써 죽음을 맛본 듯 온몸을 떨고 있었다. 나춘자는 마르셀의 실수일 거라고 생각하며 소리를 질렀다.

"cosmos9785742! 이 바보야, 다시 침착하게 쳐 봐!"

마르셀은 식은땀을 흘리며 다시 침착하게 암호를 입력했다. 그러나 화면에는 여전히 잘못된 암호라는 메시지만 떠올랐다.

그때, 자잘이가 씨익 미소를 지으며 말했다.

"난 알고 있는데……."

"뭐, 뭐라고?"

누구랄 것도 없이 모든 우주인들이 자잘이 쪽으로 고개를 돌렸다.

"아니, 아까 여기 처음 들어왔을 때 그 화면에 '새로운 비밀번호를 입력하세요.'라고 나와 있더라고. 그래서 내 맘대로 그냥 입력했지."

마르셀의 실수였다. 최근의 컴퓨터 해킹은 우주선 발사를 무용지물로 만들 수도 있을 만큼 무서워졌다. 그래서 우주선 기기 작동의 암호는 이륙 직전에 바꾸게 되어 있었다. 마르셀이 새 비밀번호로 막 변경하려던 참에 지구에서 마지막 만찬을 즐기자는 말이 나왔고, 마르셀은 새 비밀번호 입력란을 비워 둔 채로 뛰어나간 것이다.

나춘자가 버럭 소리를 질렀다.

"빨리 말해. 그게 뭐야?"

"싫어!"

나춘자가 자잘이의 볼을 우악스럽게 꼬집으며 다그쳤다.

"이 바보야, 지금 장난칠 때가 아니야. 우리 다 태양열에 타 죽게 생겼다고!"

"싫어, 죽어도 싫어. 사정사정해도 말할까 말깐데 소리 지르고 꼬집고…… 아! 아!! 이거 빨리 못 놔?"

세상에 이렇게 고약한 놈이 있다니. 어린애고 뭐고 그냥 한 대 때려 주고 싶었다. 그러나 지금은 1초라도 빨리 자잘이의 입에서 암호를 알아내야 했다.

"그래, 누나가 잘못했어. 그런데 지금 우리는 태양으로 날아가고 있어.

이대로 가다가는 몇 초 후면 인간 프라이드치킨이 되어서 넌 다시는 엄마도 못 보고 그 좋아하는 치킨도 못 먹을 거야. 그러니까 어서 암호를 말해 줘."

나춘자가 자잘이의 볼에서 손을 떼고 사정하자 자잘이가 말했다.

"우선 CH!"

마르셀은 황급히 모니터에 CH를 입력했다.

"다음, 다음은!"

우주선 안은 불가마 사우나처럼 달궈지기 시작했다. 자잘이 역시 온 몸에서 땀이 나기 시작했다. 그러나 자잘이는 지금 누리고 있는 이 재미를 놓치기 싫었다. 지구 최고의 우주인들이 자기에게 쩔쩔매는 상황이 자잘이의 장난기를 부추겼다.

"태양은 얼마나 커?"

"태양은 지구에서 약 1억 5000만 km나 떨어져 있고, 태양 안에 지구를 집어넣는다면 130만 개도 넘게 들어갈 수 있어."

나춘자가 아랫입술을 질끈 깨물며 대답했지만 자잘이는 아랑곳하지 않고 또 물었다.

"이 우주선은 어디로 가는 거야?"

"지금 장난칠 때가 아니란 말이야!"

이제껏 참고 참았던 폴이 쩌렁 소리를 지르며 자잘이의 멱살을 잡았다. 자잘이는 눈을 감았다. 그리고 차분히 말했다.

"맘대로 해. 난 몰라."

소피아가 폴의 옆구리를 걷어차고 자잘이 앞에 섰다. 폴은 우주선 한쪽으로 나동그라졌다.

"미안하다. 이 우주선은 태양과 반대쪽으로 날아가 태양계 밖으로 나가려고 했던 거야."

소피아는 알고 있었다. 이런 고집스럽고 대책 없이 장난만 치고 싶어 하는 아이는 우선 달래는 게 상책이라는 것을.

"태양계가 뭐야?"

"태양계는 태양 주위를 도는 행성들과 그 주변의 위성, 그리고 소행성, 혜성 등을 포함하는 우주의 일부분을 말하는 거야."

"행성은 뭐고 소행성은 뭔데?"

"그렇게 하나하나 따지면 끝이 없어. 너 같은 무식한 애한테는!"

압둘라가 무섭게 쏘아보며 말했다. 자잘이는 그 눈빛에 움찔했다.

"CH 다음은 IC야."

마르셀은 다시 IC를 입력했다. 그러나 역시 우주선은 방향을 틀지 않았다. 소피아가 다급한 얼굴로 자잘이를 보며 물었다.

"제, 제발…… 다음은?"

우주선의 마지막 비상 경보음이 울리기 시작했다. 하지만 자잘이는 꿈쩍도 하지 않았다.

"태양계 밖으로 나가서 뭘 하려고 한 건데?"

"우리는 어떤 임무를 부여받았어. 그건 지구를 위해서, 전 인류를 위해서 꼭 필요한 일이야. 잘 들어, 꼬마. 지금 우리가 죽는 게 무서운 게 아니야. 정말 무서운 건, 우리가 죽었을 때 지구에 어떤 위험이 닥칠지 모른다는 거야. 네가 사랑하는 가족과 친구들이 모두 죽을 수도 있다는 말이다."

소피아는 소리를 크게 지르지 않고도 무섭게 말하는 법을 알았다. 마치 빼빼 마녀 선생처럼.

"그 임무가 어떤 임무인데?"

"오, 맙소사. 도대체 이놈은!"

소피아가 참지 못하고 손을 들어 올렸다. 그대로 자잘이를 내리칠 기세였다. 나춘자가 뛰어와 소피아의 손을 잡았다.

"외계인! 외계인을 만나러 가는 길이야. 시간이 없어. 제발 어서 암호를……."

자잘이는 외계인이라는 말에 신이 났다. 외계인이 정말 있단 말이야? 그리고 외계인을 만날 수 있다고? 자잘이는 다시 확인하고 싶었다. 그러나 더 이상 물어볼 수 없었다. 나춘자의 눈에 고인 눈물 때문이었다. 그 눈물은 더 이상 고집을 피워서는 안 된다고 말하고 있었다. 정말 더 이상 장난을 치면 안 될 것 같다는 생각에 자잘이가 입을 열었다.

"마지막은 KEN, 그러니까 CHICKEN이라고요!"

마르셀은 서둘러 KEN을 입력했다. 그제야 우주선 코스모스호는 태양 반대쪽으로 방향을 틀었다. 가까스로 태양의 불 폭풍을 피한 우주인들은 비로소 안도의 한숨을 쉬었다. 그리고 동시에 온몸에 힘이 빠져나가면서, 어이없는 기분이 되었다.

"뭐, 치킨? 암호가 치킨이라고?"

친절하지 않은 포퍼박사의 우주 강의

태양계 행성들에 대해 설명해 주세요.

태양계란 태양과 그 둘레를 도는 8개의 행성들, 그 행성들의 둘레를 도는 위성들, 그리고 소행성, 혜성 등의 천체를 통틀어 말하는 거야. 8개의 행성은 수성, 금성, 지구, 화성, 목성, 토성, 천왕성, 해왕성이지.

그럼 각 행성들의 특징을 설명해 주겠어. 최소한 이 정도는 알고 있어야 무식하다는 소릴 듣지 않고 살 수 있다고!

· **태양** 태양계의 유일한 별이야. 태양 표면에서는 불꽃이 끊임없이 솟아오르고, 거대한 폭발도 일어나지. 표면 온도는 약 6000℃. 주변에 비해 온도가 낮아 거뭇거뭇해 보이는 곳은 흑점이라고 하지. 태양의 중심 온도는 약 1400만 ℃나 돼. 태양은 이처럼 아주 뜨거워서 수백만 km 떨어진 행성에도 열을 보낼 수 있어. 그러니까 지구에 생물이 살 수 있는 것이지.

· **수성** 태양과 너무 가까이 붙어 있어 표면이 바짝 말라 있지. 수성에는 물이 없고 공기도 거의 없어. 대기가 없어서 일교차가 아주 심하고, 표면에는 수많은 운석과 부딪혀 생긴 웅덩이(크레이터)가 아주 많지.

· **금성** 금성의 구름은 노란색이야. 황산으로 이루어져 있기 때문이지. 황산 구름은 햇빛을 잘 반사해서 금성이 밝게 빛나 보이게 해. 금성의 대기에는 열을 잡아 두는 이산화탄소가 가득 들어 있어서 기온이 늘 400℃가 넘어.

· **지구** 태양계에서 가장 아름다운 행성이지. 유일하게 생명체가 살고 있는 행성이기도 하고. 면적의 약 71%가 바다로 덮여 있고, 다시 그 주위를 약 78%의 질소와 약 21%의 산소로 이루어진 대기가 덮고 있어. 바로 이런 환경 때문에 생물들이 살 수 있는 것이지. 아 참, 지구의 달! 달의 크기는 지구의 4분의 1쯤 돼. 27일 정도 주

기로 지구 둘레를 돌지. 대기가 없어서 수성처럼 크레이터로 뒤덮여 있어.

· **화성** 극지방에 얼음이 덮여 있고 화산, 골짜기, 물이 지나간 흔적이 있어. 얼음 때문에 화성에 생명체가 살 거라는 추측도 있었지만 아무것도 발견되지 않았지. 화성은 2개의 아주 작은 위성을 가지고 있어. 화성의 하늘은 붉게 보이는데, 그건 1.5 ㎛(마이크로미터) 크기의 작은 먼지 입자들에 의해 붉은 빛이 산란되기 때문이지.

· **소행성대** 화성 다음엔 목성이지 웬 소행성대냐고? 화성과 목성 사이에 이 소행성대가 있는데 이걸 그냥 지나치면 찜찜하잖아. 소행성은 태양 주위를 도는 바위나 금속 덩어리인데, 소행성대에는 이런 소행성이 수백만 개나 모여 있어. 소행성들은 행성에서 떨어져 나온 조각이거나 행성을 이루지 못한 덩어리일 거라고 추측되지.

· **목성** 태양계에서 가장 큰 행성이지. 목성은 표면이 대부분 가스로 이루어져 있어. 그건 토성, 천왕성, 해왕성도 마찬가지지. 목성 표면에는 대적점이라는 것이 보이는데, 이는 표면에 부는 강한 바람들이 만난 거대한 소용돌이야. 목성에는 위성이 79개나 있다고.

· **토성** 토성의 가장 큰 특징은 거대한 고리겠지? 얼음, 바위, 먼지들로 이루어진 고리가 토성 주위를 돌고 있는 것인데 아주 아름답지. 토성도 목성만큼이나 위성이 많아. 그리고 목성에서보다도 훨씬 강한 바람이 불고 있지.

· **천왕성** 천왕성이 푸르게 보이는 이유는 대기 중에 있는 메탄가스 때문이야. 천왕성에도 고리가 있는데 목성이나 토성과 달리 거의 수직으로 걸쳐 있지. 천왕성이 자전하는 방향도 다른 행성들에 비해 거의 수직으로 기울어져 있다고.

· **해왕성** 바닷물처럼 파라니까 '바다 해(海)'자를 써서 해왕성이야. 천왕성과 모양, 크기, 대기 성분까지 비슷한 행성이지.

화성
지름 | 6779km
자전 주기 | 24시간 37분
공전 주기 | 687일
위성 | 2개

소행성대

금성
지름 | 1만 2104km
자전 주기 | 243일
공전 주기 | 225일
위성 | 없음

달

수성
지름 | 4879km
자전 주기 | 59일
공전 주기 | 88일
위성 | 없음

지구
지름 | 1만 2742km
자전 주기 | 24시간
공전 주기 | 1년
위성 | 1개

태양
지름 | 139만 km
자전 주기 | 적도 쪽: 25일, 극 쪽: 35일
공전 주기 | 2억 년

해왕성
지름 | 4만 9244km
자전 주기 | 16시간
공전 주기 | 164년
위성 | 13개

토성
지름 | 11만 6464km
자전 주기 | 10시간 40분
공전 주기 | 29.5년
위성 | 82개

천왕성
지름 | 5만 724km
자전 주기 | 17시간
공전 주기 | 84년
위성 | 27개

목성
지름 | 14만 km
자전 주기 | 10시간
공전 주기 | 12년
위성 | 79개

5. 우주 전쟁

 마침내 코스모스호는 태양계를 벗어났다. 자잘이는 신기한 듯 창밖을 바라보고 있었다. 주변은 새까맣고 저 멀리 지구에서 본 별들보다 더 크게 반짝이는 별들이 아름답고 신기했다. 자잘이는 벌써 세 시간째 아무 말 없이 별들을 감상하고 있었다. 우주인들은 그런 자잘이가 신기했다. 세 시간 동안 자잘이의 입에서 아무 말도 나오지 않다니!

"우주 식량 지겹다. 밥을 달라. 치킨을 달라."

"지구에 가면 우주인들의 어린이 학대에 대해 널리 알리고야 말겠다."

"엄마 보고 싶다."

이런 말이 하나도 들려오지 않고 있었다. 나춘자는 그런 자잘이를 바라보다가 피식 웃음이 나왔다. 녀석은 생전 처음 보는 우주의 장관 앞에서 넋을 놓고 있었다. 처음으로 자잘이가 어린아이답고 귀여워 보였다.

"저건 페르세우스자리야. 별자리에 옛날 그리스의 영웅 이름을 붙인 거야."

"그럼 저건요?"

"그건 백조자리. 그 양옆으로는 견우 별과 직녀 별."

"난 먹는 게 세상에서 가장 아름다운 줄 알았어요. 그런데 별자리도 그만큼 아름다운 것 같아요."

"푸하하하."

나춘자가 웃음을 터뜨렸다. 세상에 별자리를 먹는 것만큼 아름답다고 하는 사람은 인류 역사상 자잘이가 처음이고 또 마지막일 듯싶었다. 이때 폴이 소리쳤다.

"시끄러워! 좀 조용히 해."

나춘자가 뭐라 대거리를 하려는 순간, 선장 소피아가 가라앉은 목소리로 말했다.

"그래, 잠시라도 조용히 있자."

나춘자는 그제야 코스모스호가 멈춰 서 있다는 걸 깨달았다.

'푸른 별, 우리의 탐사선이 귀 행성을 발견했소. 이 메시지가 그곳에

도착할 때는 지금으로부터 시간이 얼마나 흐른 뒤일까? 수학의 발전을 이루었다면 다음 위치를 알아낼 수 있을 것이오. 알파 27834, 베타 384790, 감마 38477. 그리로 오시오. 우주 전쟁을 막는 일은 당신들의 성의에 달려 있소.'

지금 코스모스호는 알파 27834, 베타 384790, 감마 38477 지점에 와 있는 것이다.

'무슨 일이 벌어질까?' 하는 호기심이나 외계인을 만날 수 있다는 기대보다 두려움이 앞서는 것은, 지구 최정예 우주인들이라 해도 역시 인간이기 때문일 것이다.

폴은 베란다에 키우던 화분이 생각났다. 곱디고운 장미 화분이었다. 나춘자는 지난달 싸우고 연락을 끊은 애인이 떠올랐다. 소피아는 자신의 방에서 주인의 먹이만을 기다리고 있을 금붕어를 생각했다. 벌써 죽지는 않았을까?

이곳은 마젤란은하의 행성 '누스'의 최고 통치 위원회.

통치자를 비롯한 통치 위원들이 거대한 홀로그램 이미지로 코스모스호를 바라보고 있었다.

"역시 와 주었군."

"여기까지 온 걸 보면 쓸모없는 생명체는 아닌가 봅니다."

"4000년 전에 겨우 문자를 깨우치기 시작한 생명체가 이렇게 진화했단 말이지."

"이제 그만 초대해 볼까?"

통치자가 허공에 빙글 원을 그리자 작은 단추의 홀로그램이 나타났고, 이내 그는 단추를 눌렀다.

"꽈광!"
엄청난 굉음과 함께 코스모스호가 요동치기 시작했다.
"뭐야?"
"으아악!"
우주인들과 자잘이는 이리저리 부딪히며 비명을 질렀다.
"침착해! 전원 전투 위치로!"
선장 소피아의 명령에 따라 우주인들은 가까스로 자기 자리를 찾아 앉았다. 나춘자는 자잘이를 무릎에 앉히고 안전띠를 맸다.
"크어어어억!"
귀를 찢는 듯한 맹수의 울음소리가 들려왔다. 우주선은 점점 크게 요동쳤다. 영문을 알 수 없는 일이었다. 우주선의 레이더엔 그 어떤 물체도 잡히지 않았다.
"투명 모드 전환!"
소피아의 다급한 명령이 떨어지자, 코스모스호는 순식간에 투명 우주선으로 변신했다. 우주선 밖을 온전하게 볼 수 있게 된 우주인들은 벌어진 입을 다물 수가 없었다. 거대한 황소가 코스모스호를 들이박고 있던 것이다.
"연료 점화!"

코스모스호의 뒷부분이 세차게 불을 뿜으며 꿈틀대기 시작했다.

"그대로 당격!"

"퓨슈슈슉!"

코스모스호가 속력을 내기 시작했다. 그러나 이 거대한 우주의 황소는 멀어질 줄 몰랐다. 마치 어린아이가 공을 가지고 놀듯 이리저리 코스모스호를 들이박았다.

나춘자가 소리쳤다.

"당하고만 있을 거야?"

"그럴 리가…… 목표물 조준!"

소피아의 공격 명령이 떨어지자 나춘자가 목표물을 조준했다.

"발사!"

우주 괴물 황소의 왼쪽 뿔이 박살 났다. 그러자 황소는 더욱 맹렬한 기세로 달려들었다.

나춘자가 다급하게 소리쳤다.

"황소의 급소! 황소의 급소가 어디야?"

별자리가 황소자리인 압둘라가 말했다.

"통할지 모르겠지만 진짜 황소의 급소는 정수리야."

"그거라도 믿는 수밖에."

나춘자는 레이저 빔의 강도를 최대로 높이고, 정확히 황소의 정수리를 겨누려 했다. 그러나 빛의 속도에 버금가는 황소와 코스모스호의 속력 때문에 빔의 조준점이 정지하는 순간을 잡아낼 수 없었다.

"나춘자! 넌 지구 최고의 명사수야! 너만이 지구를 구할 수 있어!"

폴이 나춘자를 응원했다. 나춘자의 손등에 핏줄이 돋아났다. 그때였다. 나춘자의 무릎에 앉아 있던 자잘이가 나춘자의 엄지손가락을 밀치고 버튼을 누른 것은.

정확히 황소의 정수리에 빔이 꽂혔다.

"꽈과광!"

엄청난 소리와 함께 폭풍이 일었고, 수십억 개의 별이 코스모스호를 향해 쏟아져 내리는 듯했다. 몹시 요란한 진동과 굉음이었다. 코스모스호는 폭풍에 휩쓸려 한동안 날아갔다. 그리고 겨우 멈춰 섰을 때 소피아가 소리쳤다.

"위치 확인!"

압둘라가 위치를 확인했다.

"알파 27839, 베타 383790, 감마 48492!"

소피아가 다급히 외쳤다.

"이런, 어서 원위치로 가자!"

그런데 갑자기 우주선 안이 어두워지더니, 기기들이 제멋대로 작동하기 시작했다.

"이…… 이건…….”

압둘라가 신음하듯 내뱉었다.

"브…… 블랙홀이다!"

소피아의 말이 끝나기 무섭게 코스모스호는 엄청난 속도로 블랙홀에 빨려 들어갔다. 그리고 코스모스호 안의 모든 사람들은 정신을 잃고 말았다.

얼마의 시간이 흘렀을까?

"으음……."

가장 먼저 깨어난 사람은 선장 소피아였다.

사방이 어두워서 아무것도 보이지 않았다. 아무 소리도 들리지 않았다. 이런 것이 죽음인가? 아니, 자신이 지금 생각을 하고 있다는 것은 살아 있다는 확실한 증거였다.

"이봐, 아무도 없어? 이봐! 대답을 해 봐. 마르셀! 폴! 압둘라! 춘자야!"

소피아는 이렇게 외치며 사방을 더듬었다. 익숙한 물건들이 만져졌다. 그렇다면 일단 우주선 안일 테고, 근처에 동료들이 있을 것이었다.

"아…… 아."

화장실 문 쪽에서 가녀린 신음 소리가 들려왔다. 소피아는 엎드린 채 화장실 쪽으로 기어갔다.

"누구야? 살아 있어? 대답을 해!"

"선장…… 으…… 나 여기…… 춘자……."

소피아는 손을 더듬어 나춘자를 찾아냈다.

"춘자야!"

"선장! 우린 지금 살아 있는 건가?"

"그건 나도 몰라. 그렇지만 너랑 나랑 대화를 하고 있는 건 확실해!"

소피아는 나춘자의 윗몸을 일으켜 앉혔다.

"다른 녀석들은?"

나춘자 역시 정신을 차리자마자 다른 동료들 걱정이 먼저였다.

운동실 쪽에서 소리가 들려왔다.

"으…… 나…… 여……기 있어!"

마르셀이었다. 압둘라와 폴의 대답도 들려왔다.

"난…… 여…… 여기…….."

"나도…… 죽지…… 는 않은 거 같아!"

우주인들은 기거나 혹은 비틀거리며 손발로 짚고 더듬어 가운데로 모여들었다.

"우리가 지금 비행을 계속하고 있는 건지 아니면 정지해 있는 건지 알 수가 없어."

"당장 필요한 건 빛이야!"

그러나 우주선의 비상 동력마저 꺼져 작동하지 않았고 사방은 온통 새까만 어둠뿐이었다. 멀리서 빛나던 별들조차 보이지 않았다.

폴이 말했다.

"뭔가를 맞대고 마구 비비면 불이 붙을 것 아냐. 원시인들 방법."

그러자 마르셀이 핀잔을 주었다.

"이 바보야, 이 우주선은 안전 때문에 마찰로 열을 일으키지 않는 물질로만 이루어진 거 몰라?"

"빛이고 뭐고 난 배가 고파."

나춘자는 이렇게 말을 내뱉자마자 자연스럽게 자잘이가 생각났다.

"앗, 자잘이…… 자잘이는! 자잘아!"

"자잘아!"

"뚱뚱이 키드!"

우주인들은 목청껏 자잘이를 불렀다.

"흥! 이제야 날 찾는다?"

한쪽에서 소리가 들려오며 플래시가 번쩍 켜졌다. 자잘이가 거기 서 있었다. 우주인들은 자잘이 쪽으로 발걸음을 옮겼다. 그러나 이내 멈출 수밖에 없었다. 자잘이가 플래시를 껐기 때문이다. 자잘이는 발소리를 죽이며 반대쪽으로 가 섰다. 그리고 다시 플래시를 켰다. 스마트폰의 플래시였다. 우주인들이야 우주에서 아무 쓸모없는 휴대 전화를 챙기지 않았지만, 우연히 우주선에 타게 된 자잘이는 주머니에 휴대 전화를 그대로 갖고 있었던 것이다.

우주인들은 다시 방향을 틀어 자잘이에게 다가갔다. 그러나 이번에도 자잘이는 금방 플래시를 껐다.

"나쁜 사람들. 자기들만 살면 된다 이거지. 나 같은 건 배고플 때나 생각나고! 배가 고픈데 왜 내가 생각나지? 뚱뚱이라서?"

"자잘아, 잘못했어. 정말이야. 그러니까 어서 불 좀 켜 봐."

소피아가 사과하며 자잘이를 달래려 했다. 그러나 자잘이의 마음은 이미 한참 토라져 있었다.

"그깟 실력으로 뭐? 지구 최고의 우주인? 누가 황소를 물리쳤지?"

"그건 또 무슨 소리야?"

마르셀이 묻자 나춘자가 기어들어 가는 목소리로 대답했다.

"맞아, 자잘이가 조준 타임에 정확히 레이저 빔 발사 버튼을 눌렀어."

"맙소사, 어떻게 그런 일이?"

"흥, 이래 봬도 내가 우리 반에서 인터넷 게임의 왕이란 말이야."

우주인들은 이 믿기지 않는 사실 앞에서 아무 말도 할 수 없었다.

"그래, 자잘아, 네가 우리 목숨을 구했어. 아니 지구를 구했어. 자, 이리 오렴."

나춘자가 자잘이를 찾으려 몸을 움직였다. 그러나 곧 소피아의 다리에 걸려 넘어지고 말았다.

자잘이가 신이 난 듯 말했다.

"이 플래시가 없으면 아줌마 아저씨들은 아무것도 못 해. 나보다 아는 게 많고 힘이 세면 뭐해? 내가 없으면 아무것도 못 하는데. 이제부터 이 우주선의 선장은 나야! 누구 반대하는 사람?"

자잘이는 플래시를 껐다 켰다, 껐다 켰다 하며 히죽거렸다.

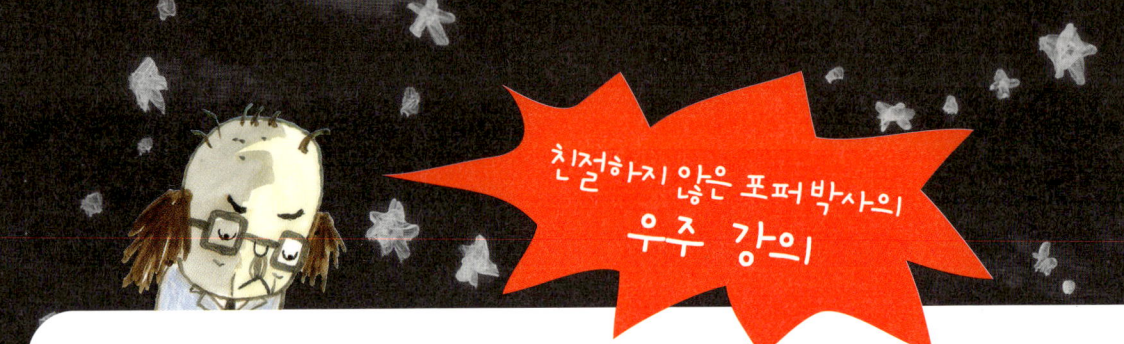

친절하지 않은 포퍼박사의 우주 강의

별자리는 어떻게 만들어진 건가요?

별자리는 지금으로부터 약 5000년 전 메소포타미아 문명에서 시작되었어. 하늘의 별을 보고 신화나 전설 속의 신과 영웅들, 그리고 여러 가지 생물들의 모습을 떠올리

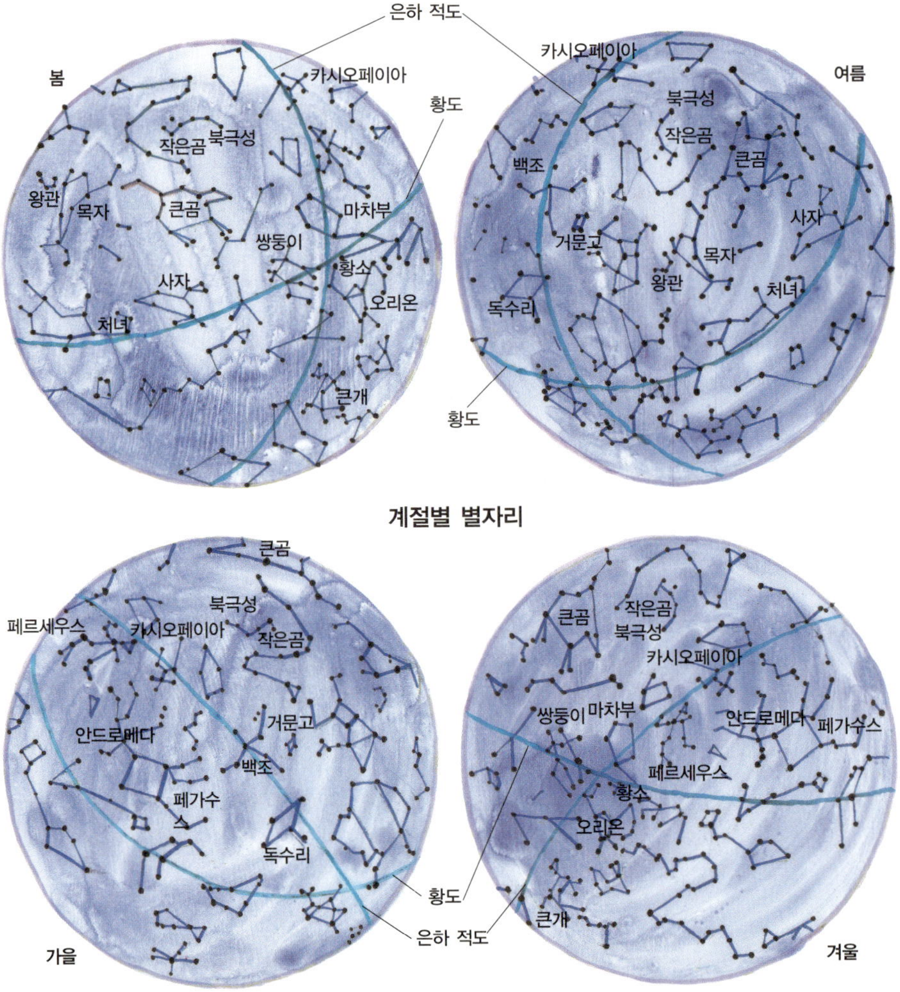

계절별 별자리

봄 / 여름 / 가을 / 겨울

며 별들을 서로 연결하여 이름을 붙였지.

 이것이 그리스까지 전해졌고 신화와 전설에 나오는 영웅들의 이름이 붙여진 별자리가 지금까지 전해져 오고 있다는 잘생긴 포퍼 박사의 말씀.

 하지만 별자리의 모양은 보는 사람에 따라 다를 수 있어. 그래서 1922년 세계의 천문학자들이 모여 별자리를 88개로 구분했지. 별자리의 국제 기준이 만들어진 거야.

북극성은 어떻게 찾나요?

 옛날 사람들은 사막이나 바다, 산에서 길을 잃었을 때 별을 보고 방향을 알아냈어. 그중 가장 많이 이용한 것이 북극성이지.

 북극성은 지구의 자전축과 같은 방향에 있기 때문에 지구에서 보면 항상

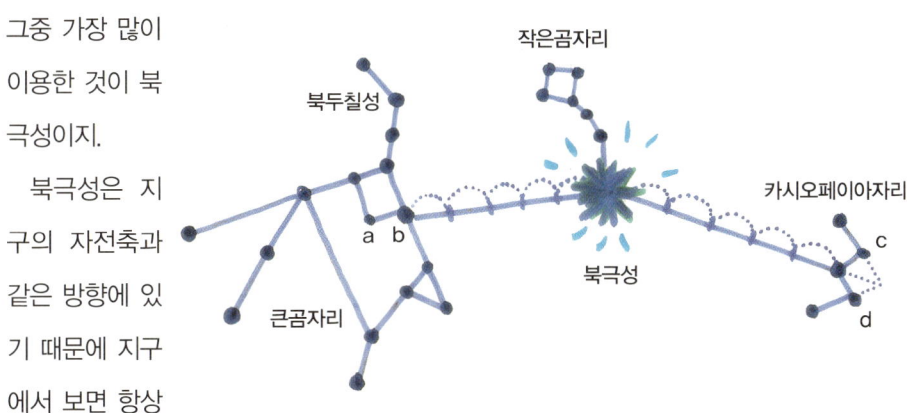

같은 위치에 있는 것처럼 보이거든. 다른 별들은 북극성을 중심으로 도는 것처럼 보이고 말이야. 그렇지만 실제로 별들이 북극성을 도는 건 아니야. 지구가 자전하기 때문에 그렇게 보이는 거지. 그리고 북극성도 전혀 움직이지 않는 게 아니라고.

 북극성은 작은곰자리의 알파성이야. 즉 작은곰자리에서 가장 빛나는 별이지. 하늘에서 북두칠성과 카시오페이아자리만 찾으면 북극성을 쉽게 찾을 수 있어. 위 그림에서 북두칠성의 a, b 사이의 거리의 5배, 그리고 카시오페이아자리의 c, d를 연결하여 생기는 선의 길이의 5배만큼 간 위치에 북극성이 있지.

 밤하늘을 계속 관찰하면 별이 동쪽에서 떠서 서쪽으로 지는 걸 볼 수 있지. 그러니까 별들이 북극성을 중심으로 회전하고 있는 것 말이야. 하지만 착각하지 마, 별들이 도는 것이 아니고 지구가 돌기 때문에 우리 눈에 그렇게 보이는 거니까.

사진기 렌즈를 오랫동안 열어 놓고 밤하늘을 찍으면 별들의 움직임을 확실히 알 수 있어. 사람들은 이걸 '별의 일주 운동'이라고 부르지.

우주에는 얼마나 많은 별이 있나요?

결론부터 말하자면 '얼마나 많은지 알 수 없다.'가 답이야. 우주가 얼마나 넓은지 모르니까 당연한 거지. 그렇다면 우리 위에 올려다보이는 하늘에 있는 별은 셀 수 있지 않을까? 그럴 수도 있겠지. 하지만 그것도 쉬운 일이 아니야. 별의 밝기에 따라 눈에 보이지 않는 별도 있거든. 고대 그리스의 천문학자 히파르코스는 별의 밝기를 3등성, 2등성, 1등성 등으로 나누어 나타냈어. 숫자가 작을수록 밝은 거야.

1856년 영국의 노먼 포그슨은 이 등급을 보다 체계적인 기준으로 나누었지. 1등성의 밝기가 6등성의 100배가 되도록 말이야.

등급	6	5	4	3	2	1	0	−1	−2	…
밝기	1	2.5	6.3	15.8	40	100	251	631	1585	…

이렇게 나누면 금성은 −4등성, 목성은 −2등성이 되지. 태양은 −27등성이 되고. 이제 밝기에 따라 나누어진 별들의 수를 헤아려 보자고.

(여기서 '1등성 미만'이란 '1등성보다 밝은 별'을 말해.)

등급	1등성 미만	2등성 미만	3등성 미만	4등성 미만	5등성 미만	6등성 미만	...	10등성 미만
별의 수	22개	93개	283개	893개	2000개	8768개	...	62만 6883개

대망원경을 이용하면 23~24등성까지 볼 수 있다고 해. 우리가 밤하늘에서 맨눈으로 볼 수 있는 별은 대략 3000개쯤이야. 5등성보다는 어둡고 6등성보다는 밝은 별까지는 보인다는 얘기지. 물론 3000개는 그중 절반이야. 나머지 절반은 지구 반대편에 있으니까 말이야.

그런데 도시에서는 1등성도 볼 수 없는 경우가 많아. 도시의 불빛들이 별빛을 막고 있으니까. 불행한 일이 아닐 수 없지. 쩝.

별은 왜 빛날까요?

별, 즉 항성은 스스로 빛을 내는 천체이지. 아주 오랜 옛날부터 사람들은 별이 빛나는 이유를 알고자 했어. 혹시 석탄 같은 것이 타고 있지 않을까? 태양이 조금씩 수축하고 있어서 그 떨어져 나가는 에너지 때문에 빛나는 것은 아닐까?

이런저런 생각을 하던 중 1920년 영국의 에딩턴은 태양과 같은 별의 중심 온도는 1500만 ℃ 정도의 고온이며 밀도가 아주 높은 상태임을 밝혀냈어. 이는 수소

대류층 에너지의 순환

별의 내부 구조

복사층 에너지의 방출

중심부 핵융합 반응 → 에너지의 생성

원자들이 서로 충돌, 결합해서 헬륨 원자로 바뀌는 핵융합 반응이 일어날 수 있다는 의미야. 이 때문에 태양은 엄청난 에너지를 빛과 열로 방출하고, 100억 년 이상은 계속해서 빛날 수 있지.

블랙홀이 뭐예요?

드디어 우주에서 가장 재미난 현상을 설명할 때가 왔군! 블랙홀이라고 한 번쯤은 들어 봤겠지. 못 들어 봤다고? 그럼 지금부터 잘 들어.

만약에 어떤 별에 아주 강력한 인력이 있다고 생각해 보자고. 인력은 두 물체가 서로 끌어당기는 힘을 말해. 지구에서 하늘을 향해 공을 던지면 결국 땅에 떨어지잖아. 그건 지구에 인력이 있기 때문이야.(특별히 지구의 인력을 중력이라고 하지.) 중력을 이기고 지구를 빠져나가려면 초속 11km의 속도를 낼 수 있어야 해. 1초에 11km를 가야 한다는 거지. 그런데 지구보다 아주 엄청나게 큰 인력을 가진 별이 있다고 생각해 봐. 그 별로 빨려 들어간 어떤 물건도, 빛마저도 빠져나올 수가 없다면? 초속 30만 km라는 빛도 빠져나올 수가 없다면 그 인력의 세기란…… 어휴.

블랙홀은 빛도 빠져나올 수 없는 아주 강력한 인력을 가진 우주 공간이야. 주변의 모든 것들을 빨아들이는 거지.

그렇다면 이런 블랙홀은 어떻게 생기는 걸까? 별은 일생을 살다가 어느 순간이 되면 폭발하게 돼. 이때 별의 한가운데가 폭발의 반동으로 압축되어 아주 작고 밀도가 높은 상태로 남게 되는데, 이것이 블랙홀이 되는 거야. 만일 태양을 압축하여 지름 3km의 공으로 만든다면 태양도 블랙홀이 될 가능성이 있지. 하지만 블랙홀이 생기는 요인은 이것 말고도 여러 가지가 있어. 블랙홀에 대한 연구는 여전히 계속되고 있고, 끊임없이 새로운 주장이 제기되고 있지. 뭐, 우주에 대한 모든 게 다 그렇지만.

자, 블랙홀이 있다면 화이트홀도 있지 않을까? 궁금하지? 내 대답은 있기도 하고 없기도 하다는 거야. 화이트홀은 블랙홀을 설명하기 위한 개념으로서 존재하기 때문이지. 무엇이든 빨아들이는 블랙홀이 있다면 반대로 어떤 것도 들어가지 못하는, 그저 물질과 빛을 내뿜기만 하는 우주 공간도 있지 않을까 생각할 수 있지 않겠어? 들어가는 구멍이 있으니 나가는 구멍도 있을 거라고 생각할 수도 있고 말이야. 화이트홀과 블랙홀을 연결하는 통로인 웜홀이라는 개념도 있어.

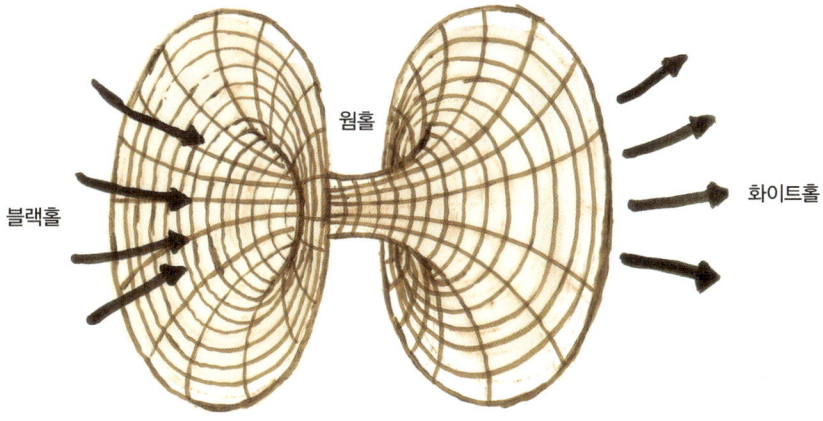

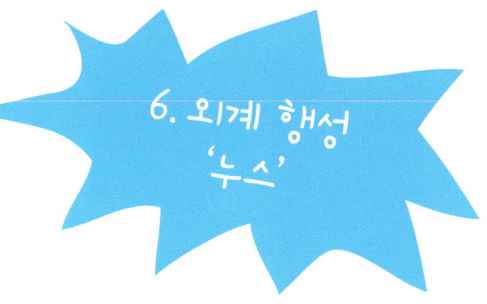

6. 외계 행성 '누스'

"자, 그럼 이번에는 압둘라가 춤을 춰 봐."

압둘라는 인상을 쓰며 어쩔 수 없이 일어섰다. 그러나 압둘라의 찌푸린 얼굴을 본 사람은 아무도 없었다. 아무것도 보이지 않는 어둠 속이므로.

"혹시 지금 인상을 막 구기면서 서 있는 건 아니지?"

자잘이가 능청스럽게 말했다.

"아…… 아니야, 선장. 춤을 추게 되어서 정말 기뻐."

"존댓말 쓰라고 했지."

"아…… 미안. 아니, 미안합니다, 선장님."

자잘이는 플래시 하나로 코스모스호의 최정예 우주인들을 휘어잡았다. 어처구니없는 일이지만 어쩔 수 없었다. 자잘이의 손에 빛이 쥐어져 있었으니까.

"자, 춥니다."

압둘라가 몸을 움직이기 시작하자 자잘이가 플래시를 깜빡이며 압둘라를 비췄다.

"푸하하하!"

자잘이는 웃음을 터뜨리며 재미있어했

다. 그러나 긴장을 늦추지 않고 우주인들과 일정하게 거리를 두었다. 플래시를 빼앗기는 날에는 이 근사한 선장 놀이도 끝일 뿐 아니라, 어쩌면 우주선 밖으로 쫓겨나 버릴지도 모르는 일이었다.

압둘라의 춤은 고릴라가 똥이 마려워 안절부절못하는 것처럼 보여서, 자잘이뿐 아니라 다른 우주인들도 피식피식 웃음을 참지 못했다.

"언제까지 이러고 있을 순 없어!"

즐거운 오락 시간을 깬 것은 소피아였다.

"자잘이 선장님, 그 휴대 전화의 배터리가 다 닳으면 어떡해요? 그땐 우리 모두 꼼짝없이 우주선 안에 갇힌 채 죽는 날만 기다릴 수밖에 없어요. 어서 빨리 살아날 방법을 찾아야 한다고요."

소피아는 단호한 목소리로 자잘이를 설득했다. 그런데…….

"아직 충전 많이 되어 있어서 괜찮아. 더 놀 수 있어."

소피아는 그야말로 맥이 쭉 빠졌다. 도대체 저 말썽꾸러기를 어떻게 꼬드겨 플래시를 빼앗는단 말인가? 이러다간 꼼짝없이 우주선 안에서 죽을지도 모른다. 우주선은 비행을 멈췄고, 바깥에는 별빛도 보이지 않았다. 우주 공간에서 멈춘 것인지, 어느 행성에 착륙한 것인지도 알 수 없었다. 무엇보다 우선 우주선이 어느 정도 고장이 났는지를 알아야 했고, 임무 수행을 계속할 수 있는지도 알아야 했다. 우주에서 죽음을 맞는 게 두려운 것은 아니었다. 애초부터 죽음을 각오하고 맡은 임무였으니까. 문제는 임무 수행이었다. 임무를 완료하지 못하면 지구에 어떤 위험이 닥칠지 모르는 것이다.

"도대체 대한민국 애들은 왜 다 저 모양인 거야!"

소피아가 버럭 소리를 지르자, 나춘자가 조심스레 대답했다.

"아, 아마도 학교 갔다, 학원 갔다, 엄마 잔소리 듣다가 게임하다……잠자는 일만 해서 그런가 본데……."

"그럼 너희 나라에서는 다른 사람들과 어울려 사는 법은 하나도 안 가르친단 말이야?"

"저 꼬마…… 아니, 새 선장님을 봐. 그저 먹고, 놀고, 또 먹고, 자고…… 그러다 저렇게 초울트라 슈퍼 뚱뚱이가 된 거야."

가만히 듣고 있던 자잘이가 더 이상 참지 못하고 소리쳤다.

"난 먹고 자기만 하는 돼지가 아니야!"

자잘이의 반응에 소피아와 나춘자는 이제 됐다는 듯 서로의 손을 꼭 잡았다. 그들이 원하는 대로 자잘이의 마음이 흔들린 것이다. 입을 맞춰 짠 작전은 아니었지만 대한민국 애들이 어쩌고저쩌고할 때부터 나춘자는 소피아의 마음을 알아챘다. 대한민국 아이들까지 싸잡아서 흉보면, 약이 오른 자잘이가 스스로 장난을 그만둘 것이라고 예상한 것이다.

"나도 사람들과 사이 좋게 살아야 한다는 것쯤은 안단 말이야!"

그러지 않아도 자잘이는 이쯤에서 장난을 그만두려고 했었다. 조금만 더 있다가 "자, 선장 놀이는 이제 그만. 우리 지구를 위해 힘을 합쳐 봅시다." 하고 멋지게 말하려던 참이었는데……. 하여간 이 세상, 아니 이 우주는 자잘이 마음을 너무 몰라준다.

"착륙이었어. 우린 알 수 없는 어떤 행성에 착륙한 거야."

창 쪽에 눈을 바싹 붙이고 바깥을 살피던 마르셀이 흥분해서 말했다.

마르셀의 손에는 자잘이가 넘겨준 스마트폰 플래시가 들려 있었다.

그때였다. 저 멀리 어둠의 끝에서 서서히 날이 밝기 시작했다. 눈부신 연둣빛이 밀물처럼 다가와 우주선 안을 환히 비췄다. 그제야 우주선 주변의 모습이 드러났고, 이 이름 모를 행성의 아름다움에 우주인들은 넋을 잃었다.

"우리가 죽어서 천국에 온 건 아닐까?"

폴은 코스모스호의 문을 열었다. 그곳은 꿈속에서나 볼 수 있을 듯한 아름다운 정원이었다. 발 아래 잔디의 감촉은 비단결 같았고, 주변의 나무들은 휘어지기도 하고 꽈배기처럼 꼬이기도 하면서 자라 있었다. 나무와 잔디밭 사이에는 무지갯빛 꽃들이 만발했다. 꽃봉오리들은 수줍은 듯하면서도 힘차게 꽃을 피울 준비를 하고 있었다. 그리고 마치 지구에서 나비와 벌들이 날아다니듯 물고기들이 공중을 헤엄쳐 다녔다.

우주인들과 자잘이는 주위를 둘러보고 만져 보며 향기에 취해 황홀한 기분이 되었다. 그들은 태양계 밖, 아니 우리은하 밖의 행성에 최초로 발을 내딛고 있는 것이다. 우주복은 필요 없었다. 지구의 원시림보다 공기가 맑았고, 중력도 지구와 거의 같아 발걸음도 가벼웠다 .

1969년 7월 20일, 인류는 달에 발자국을 남겼다. 2030년 5월 5일에는 화성에 관광호텔을 지었다. 그리고 2050년 7월 7일, 인류는 마젤란 은하의 행성에 발을 디디고 있는 것이다.

모두들 이 놀라운 상황에 넋을 놓고 있을 때였다.

"저…… 저기!"

눈앞을 지나가는 파란 물고기를 잡아 보려고 하던 자잘이가 갑자기 소

리쳤다. 우주인들은 일제히 고개를 돌렸다. 자잘이가 가리킨 곳에서 누스의 통치자와 통치 위원들이 걸어오고 있었다.

"세상에…… 이럴 수가…… 외, 외계인이야!"

지구인 최초로 외계인을 만나는 순간이었다.

외계인은 한마디로 콧물 덩어리였다. 고릴라의 털을 모두 깎고 그 위에 끈적끈적한 콧물을 뒤집어씌운 듯한 모습이었다. 자잘이는 침을 꼴깍 삼키다가 그만 사레가 들려 기침을 해 댔다.

"콜록콜록……!"

나춘자가 자잘이의 등을 두드려 주는데, 누스 위원들 뒤로 축포가 터지면서 글자를 만들어 냈다.

'당신들을 환영합니다. 여기는 누스. 우리는 평화를 사랑합니다.'

"어, 어떻게 이들이 지구의 언어를……?"

모두들 누스인들의 불꽃 인사를 감탄스럽게 바라봤다. 그런데 신기하게도 폭죽의 불꽃과 문자가 사라지지 않고 그대로 머물러 있었다.

"놀라운 과학이야. 폭죽을 쏘아 올려 글자를 만들고 그 글자가 공중에 머물게 한다. 이 기술을 배워서 지구에 가면 돈 좀 벌겠는걸."

마르셀이 여유를 찾았는지 농담을 했다.

"환영 인사를 받았으니 우리도 인사를 해야지."

소피아가 어느새 코앞까지 다가온 누스인들에게 손을 내밀었다.

"안녕하세요."

"환영합니다. 여기는 안전하고 평화로운 행성 누스입니다."

누스의 통치자가 소피아의 손을 잡으며 말했다. 말할 때마다 입속에서 콧물 같은 것이 뚝뚝 떨어졌다.

"우리는 태양계의 행성 지구에서 온 사람들입니다. 반갑습니다."

남의 콧물 속에 손을 담그는 것처럼 끔찍한 기분이었지만, 소피아는 자신이 선장임을 잊지 않고 침착하게 행동했다.

"도대체 당신들이 어떻게 지구의 언어를 아는 겁니까?"

성질 급한 압둘라가 참지 못하고 묻자, 통치자가 대답했다.

"우리는 당신들이 타고 온 우주선에 새겨진 글자를 분석했습니다. 그리고 당신들의 문자와 언어의 규칙을 찾아냈습니다. 물론 지금 우리가 대화를 할 수 있는 것은 우리의 뇌에 입력된 번역 프로그램을 이용한 것이고요."

우주인들은 놀라움을 금치 못했다. 이들의 과학 기술은 지구인의 것과는 비교도 되지 않을 정도였다.

"다, 당신들이 메시지를, 우주 전쟁 어쩌고저쩌고 하는 메시지를 보냈습니까? 아니, 그보다 당신들은 지구를 알고 있습니까? 아니, 당신들은 우리의 적입니까?"

100

 질문을 쏟아 내는 나춘자는 떨고 있었다. 두려움을 이기려고 애써 말들을 쏟아 내는 듯했다. 이때 콧물 덩어리 통치 위원들 중 하나가 나춘자에게 말했다.
 "진정하시고 천천히 이야기하시죠. 우선 이 역사적 만남을 축하해야

하지 않겠습니까?"

자잘이는 나춘자 뒤에 꼭 숨어서 힐긋힐긋 외계인들을 훔쳐보다가, 다른 사람들과 함께 외계인들을 따라 발걸음을 옮겼다.

누스 위원들은 호수 한가운데 있는 섬으로 지구인들을 안내했다. 다리를 건너 섬에 들어서니 잘 차려진 식탁이 기다리고 있었다. 바닷가재를 닮거나 치킨을 닮거나 파스타를 닮거나 한 음식들이었다.

'이 음식들을 저런 괴물들과 마주 앉아 먹어야 하다니!'

자잘이는 속으로 몸서리를 치면서도 가장 먼저 자리에 앉아 이미 음식에 손을 대고 있었다.

모두 자리에 앉자 통치자가 잔을 들고 일어났다.

"당신들은 우리 행성에 네 번째로 방문한 외계인입니다. 우리 행성은 사랑과 평화만이 가득한 곳입니다. 지구와 누스의 평화를 위해 건배!"

누스인들은 잔을 높이 들었다. 지구인들 역시 잔을 들었다. 그리고 한 모금. 포도 주스 빛깔의 음료는 톡 쏘면서도 한없이 부드러운 맛이었다. 또한 달콤하면서도 뒷맛이 개운했다.

지구인들은 앞에 놓인 음식을 집어 들었다. 음식이 입에 들어가는 순간 세상의 모든 걱정과 한숨이 사라지는 것이 느껴졌다. 이렇게 맛있는 음식은 처음이었다. 무슨 재료로 어떻게 만든 것인지 물어볼 생각도 들지 않았다. 음식이 목으로 넘어가기도 전에 손은 이미 다른 음식을 집어 들었다. 지구에서 떠나오기 전 마지막 지구 음식으로 독수리를 잡아먹은 그들이었다.

이미 우주 식량을 먹은 자잘이는 일찌감치 배가 불러 양팔을 축 늘어

뜨리고 숨을 헐떡이고 있었다. 이때 통치자가 징그러운 눈빛을 보내며 말했다.

"꼬마 친구는 의외입니다."

"뭐가요?"

"어린 나이에 지구를 대표해서 먼 길을 오다니요?"

"난……."

자잘이는 뭐라 할 말이 없었다.

"외계 행성에 가면 그곳에도 어린이가 있을 테니 어린이는 어린이끼리……. 뭐 그래서 지구를 대표하는 어린이를 뽑아서 함께 온 겁니다."

나춘자가 입속 가득 음식을 우물거리며 자잘이를 도와주었다. 자잘이는 어깨가 으쓱했다. 통치자가 말을 이었다.

"그럼 우리 영롱이와 잘 어울리겠군요. 영롱아, 그만 숨어 있고 이리 나오너라."

그러자 나무 뒤에 숨어 있던 작은 콧물 덩어리가 쓰윽 나타났다.

"우리 행성에서 소식을 전달하는 임무를 맡고 있는 아이입니다."

작은 콧물 덩어리가 고개를 숙여 인사했다.

'헉! 그러니까 지금 얘랑 나랑 친구를 하라는 거야?'

자잘이는 어이가 없었지만 어느새 영롱이는 손을 내밀고 있었다.

"안녕."

자잘이는 얼렁뚱땅 그 손을 살짝 건드리다시피 하곤 얼른 놓았다.

"함께 산책하면서 우리 행성을 구경시켜 주렴."

"예."

콧물 덩어리와 산책이라니. 자잘이는 도움을 청하듯 나춘자를 향해 눈짓을 했다.

"그게 좋겠다. 어서 다녀와."

나춘자는 보랏빛 열매를 입에 넣으며 태평한 목소리로 말했다.

친절하지 않은 포퍼 박사의 우주 강의

우주 탐사의 역사에 대해 알려 주세요.

인류의 우주 탐사 역사상 주요한 사건들을 정리해 주지. 잘 들어!

BC 585년 탈레스가 일식을 예견하다. 이는 우주에 대한 과학적 연구가 시작되었음을 알리는 커다란 사건이었다.

1675년 런던에 그리니치 천문대가 건립되다. 천체의 관측을 통해 그 위치를 알리는 데 커다란 공헌을 했다. 지금은 국립 해양 박물관에 통합되어 관람객들에게 천문학과 항해의 역사를 보여 주고 있다. 2007년에는 120석 규모의 플라네타륨(반구형 천장의 스크린을 통해 천체의 운행을 영상으로 보여 주는 장치)을 개관하기도 했다.

1781년 허셜이 천왕성을 발견하다. 토성까지가 전부인 줄 알았던 태양계 지식의 범위를 넓히는 계기가 되었다.

1785년 은하수가 우리은하를 측면에서 바라본 모습임이 밝혀지다.

1912년 슬라이퍼가 여러 성운들이 우리은하에서 멀어지고 있음을 발견하다.

1929년 에드윈 허블이 멀리 있는 은하일수록 더 빨리 멀어진다는 것, 즉 우주가 팽창하고 있다는 사실을 발견하다.

1957년 10월 구소련에서 2단식 A형 로켓을 사용해 세계 최초의 인공위성 스푸트니크 1호를 지구 궤도에 쏘아 올리다. 자극을 받은 미국이 우주 개발에 힘을 쏟는 계기가 되었다.

스푸트니크 1호

1958년 1월 31일 미국이 인공위성 익스플로러 1호를 쏘아 올리다. 구소련의 뒤를 이은 미국의 인공위성 발사 성공으로 미국과 소련의 우주 개발 경쟁 시대가 시작됐다.

   1959년 12월 4일, 원숭이 샘이 미국의 머큐리 우주선을 타고 11분 6초 동안 탄도 비행을 하다.

익스플로러 1호

   1961년 4월 12일 구소련이 보스크 1호를 발사하다. 지구 최초의 우주인 유리 가가린, 시속 2만 7000km로 지구를 돌다. "지구는 다양한 색깔의 물감을 마구 풀어 놓은 팔레트와 같다." 유리 가가린의 말이었다. 2011년 인류 최초의 우주 비행 50주년을 기념하여 국제 우주 정거장에서는 유리 가가린의 비행 궤도를 따라 그가 보았던 지구의 모습을 재현하는 영화를 만들어 개봉했다.

   1961년 11월 29일 침팬지 에노스, 3시간 21분간 지구 궤도를 2회전하고 돌아오다.

유리 가가린

   1965년 3월 23일 미국의 제미니 3호가 2시간 53분간 시속 2만 8880km의 속도로 지구 주위를 3회전 후 돌아오다. 타원 궤도에서 원 궤도로 바꾸어 비행함으로써 달 탐험이나 우주 정거장과 결합 시 꼭 필요한 비행에 성공한 것이다.

   1965년 6월 3일 화이트 2세, 제미니 4호 우주선과 연결된 생명 줄을 달고 21분간 우주 유영을 하다. "신납니다. 재미있습니다. 우주선에 들어가지 않으렵니다." 화이트 2세의 말이었다.

   1969년 7월 20일 미국 아폴로 11호를 타고 우주인 암스트롱, 올드린 2세, 콜린스가 달에 도착하여 지구 이외의 천체에 최초로 인간의 발자국을 남기다.

   1970년 구소련의 베네라 7호, 금성 표면에 대한 관측 자료를 보내와 금성의 표면 온도가 470℃에 달한다는 사실이 밝혀지다.

1971년 4월 19일 러시아 우주 정거장 살류트 1호가 발사되다. 이후 수많은 소유스 우주선이 살류트와 도킹하여 다양한 우주 실험을 수행했다.

1973년 미국 우주 정거장 스카이랩 발사. 거대한 우주 실험실을 만들어 지구 궤도에 올려놓은 것이다.

1975년 바이킹 1, 2호가 화성 표면에 착륙하다. 1년 가까이 머물며 화성에 생물이 존재하는지 확인하는 실험을 수행했다.

아폴로 11호의 달 착륙

1977년 러시아 우주 정거장 살류트 6호가 발사되다. 이후 프로그레스 화물선이 음료수, 우편물, 의약품, 산소 등을 주기적으로 공급해 주었다.

1986년 2월 20일 러시아 미르 우주 정거장 본체 모듈이 발사되다. 이후 크반트 1호 모듈 등을 쏘아 올려 10년 뒤 137톤의 거대한 우주 정거장이 건설됐다. 우주인이 교대할 때는 소유스 TM 우주선을 이용하고, 물자 공급은 프로그레스 화물선을 이용했다.

1988년 11월 15일 에네르기아 로켓에 실린 러시아 무인 우주 왕복선이 발사되다.

화성 탐사선 바이킹

1990년 12월 2일 일본인 아키야마 도요히로가 소유스 TM 11호를 타고 러시아 우주 정거장 미르에서 1주일 머물고 귀환하다. 이는 민간인 최초의 우주 비행이었다.

1998년 11월 러시아에서 국제 우주 정거장의 첫 모듈인 자랴를, 12월에는 미국에서 두 번째 모듈인 유니티를 발사하다.

우주 정거장 미르

국제 우주 정거장은 세계 16개국이 참여하는 초대형 계획이다.

2000년 7월 세 번째 즈베즈다 모듈이 러시아에서 발사되었고, 2007년 10월에는 유럽의 하모니 모듈, 2008년 3월에는 일본의 키보 모듈, 그리고 2011년 2월에는 이탈리아의 레오나르도 모듈이 발사되었다. 이후에도 여러 모듈이 발사되어 현재는 총 40여 개의 모듈이 합쳐져서 운영 중이다.

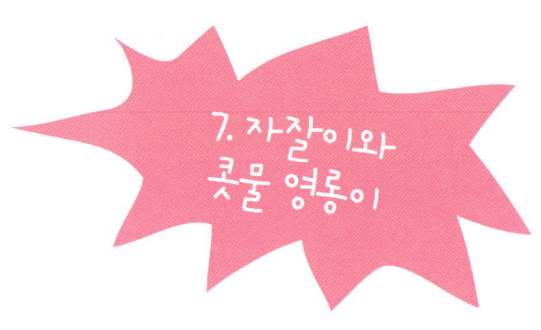

7. 자잘이와 콧물 영롱이

작은 콧물 덩어리는 저만치 앞서 걷고 있었다. 거대한 달팽이처럼 끈적한 액체를 질질 흘리면서. 그러다 갑자기 걸음을 멈추고 고개를 돌리더니 이렇게 말했다.

"난 너처럼 뚱뚱한 애 싫은데."

뭐 이런 계집애, 아니 콧물 덩어리가 다 있냐? 자잘이는 약이 올랐다. 그러나 참기로 했다. 지구 대표 어린이 아닌가!

"네가 몰라서 그러는데, 지구에서는 어린아이들이 모두 나처럼 뚱뚱해. 어른이 되면서 점차 날씬해지지."

"오, 그래?"

작은 콧물 덩어리는 정말 믿는 눈치였다.

"만나서 반가워. 난 영롱이라고 해."

'영롱이? 그래 네 콧물 참 영롱하다.'

"난 자잘이야. 반가워."

자잘이는 건성으로 인사하며 주변을 둘러보았다. 소나무 숲처럼 보이는데 라일락 향기가 나는 것도 같았고 장미 향기가 나는 것도 같았다.

"지구 애들은 뭐 하고 놀아?"

"그냥, 뭐. 컴퓨터 게임……."

자잘이는 아차 싶어 입을 다물었다. 분명 이곳은 지구보다 과학 기술이 앞선 곳이라고 했는데, 컴퓨터 얘기를 꺼냈다가는 웃음거리가 될 게 뻔했다. 어쩌면 영롱이는 지구 컴퓨터의 이야기를 듣고 한참 웃을지도 모른다. '하하하, 그건 우리 할아버지 때나 쓰던 컴퓨터 같은데…….' 한다면 창피하지 않을 수 없다. 자잘이는 얼른 말을 바꿨다.

"컴퓨터 게임 같은 건 재미없어서 고무줄놀이, 얼음땡, 술래잡기 같은 거 하고 놀아."

언젠가 할머니한테서 들은 이야기였다. 고무줄을 길게 늘어뜨려 폴짝폴짝 뛰거나 얼음땡 같은 걸 하면서 해거름까지 학교 운동장이며 골목길에서 뛰어놀았다고 했다. 자잘이도 학교에서 옛날 놀이라고 배운 적이 있었다.

"어떻게 하는 건데? 가르쳐 줘."

"내가 너랑, 여기서?"

"안 돼?"

순간, 자잘이는 고약한 심술이 일었다.

"안 될 거 없지. 우리 얼음땡 하자."

"그래, 좋아. 어떻게 하는 건데?"

"내가 널 잡으려고 하면 넌 잡히기 전에 '얼음!' 하고 외쳐야 돼. 그러고 나면 움직이지 않고 그 자리에 얼음처럼 굳어 있어야 되는 거야."

"좋아, 그럼 날 잡아 봐."

영롱이는 싱긋 웃으며 벌써 달아나기 시작했다. 자잘이는 '내가 지금 뭐 하고 있는 거지?' 하는 생각에 멍하니 있다가, '가만, 이 숲 한가운데서 길을 잃는다? 지구도 아닌 이름 모를 행성의 숲속에서? 그럴 순 없어!' 하며 영롱이를 쫓아 달리기 시작했다. 그러나 자잘이가 누구던가? 100kg이 넘는 초고도 비만의 소년이 아닌가. 쉽사리 누구를 쫓아가 잡을 수 있는 몸이 아니었다.

"너 정말 느리네. 지구 애들은 다 그렇게 느려?"

저만치 앞서 가던 영롱이가 놀려 대자, 자잘이는 버럭 소리를 질렀다.

"너희 행성의 중력에 적응이 안 돼서 그래!"

자기 때문에 지구 아이들 전부가 놀림감이 된 것 같아 화가 났다.

"그래? 하긴, 모든 행성의 중력이 똑같진 않으니까. 하지만 그거 알아? 지금 누스의 중력은 지구의 중력과 똑같아. 너희 우주선이 착륙하기 전에 우리가 중력을 조정해 놨거든. 너희들 편하게 하려고."

자잘이는 아차 싶어 얼굴이 빨개졌다.

"호호호, 그러니까 넌 지구에서도 중력을 아주 많이 느끼는 느림보 뚱뚱이야."

영롱이는 숨을 헐떡이며 땀을 뻘뻘 흘리는 자잘이에게 다가오며 계속 놀려 댔다.

"솔직히 말해. 지구 아이들이 다 너처럼 뚱뚱하다는 건 거짓말이지?"

영롱이가 점점 가까이 다가왔다. 자잘이는 이때다 싶어 영롱이를 향해 손을 뻗었다.

"얼음!"

화들짝 놀란 영롱이가 외쳤다. 그러고는 그 자리에 얼어붙었다. 자잘이가 심술궂은 얼굴로 말했다.

"넌 이제 얼음이 되었으니 꼼짝할 수 없어. 규칙을 어기는 형편없는 아이는 아니겠지?"

영롱이는 당황하지 않을 수 없었다. 규칙을 어긴다는 것은 상상도 할 수 없었다. 약속과 규칙을 무엇보다 중요하게 여기는 누스에서 이를 어기는 건 범죄를 저지르는 것과 같았다.

영롱이가 물었다.

"좋아, 그럼 이제 어떻게 해야 해?"

"넌 내가 '땡'을 해 줘야 움직일 수 있는 거야."

"그래? 그럼 이제 땡을 해 줘."

"그러기는 싫은걸……."

"뭐야? 그럼 난 언제까지 이러고 있어야 하는 건데?"

"내 맘이 땡 해 주고 싶을 때까지."

"그런 게 어딨어? 어서 땡 해 줘."

"나 같으면 그렇게 조르기 전에 나한테 잘 보일 생각부터 하겠다."

"너, 내가 뚱뚱하다고 놀려서 삐쳤구나."

"삐치다니. 내가 뚱뚱한 건 사실이지만 지구에선 나

처럼 뚱뚱한 애들이 인기가 많다고. 나야말로 널 놀리고 싶은데 참고 있는 거거든."

"뭔데?"

"넌 콧물 덩어리 같아."

"그게 어째서 놀리는 거야? 콧물은 우리 몸에 꼭 필요한 좋은 거잖아. 게다가 미끈미끈 부드럽고 촉촉하고……. 아무튼 미안해. 나도 지구에서는 너처럼 뚱뚱한 애가 인기 있는 줄 몰랐어. 사과했으니까 땡 해 줘."

영롱이의 말을 들으니 자잘이도 미안해졌다. 예쁜 것, 귀한 것, 맛있는 것, 아름다운 것들은 그 사회의 가치에 따라 달라지는 건데, 전혀 다른 세계에 살고 있는 외계인을 보고 징그럽고 더럽다고 놀리다니…….

한편, 누스 최고 통치 위원들은 지구에서 온 손님들의 모습을 보면서 회심의 미소를 짓고 있었다. 우주인들은 식탁에 그대로 고개를 떨어뜨린 채 잠들어 버렸다. 누스의 보랏빛 열매는 강력한 수면제였던 것이다.

누스인들은 우주인들의 머리에 헤드폰을 씌웠다. 그리고 자신들도 같

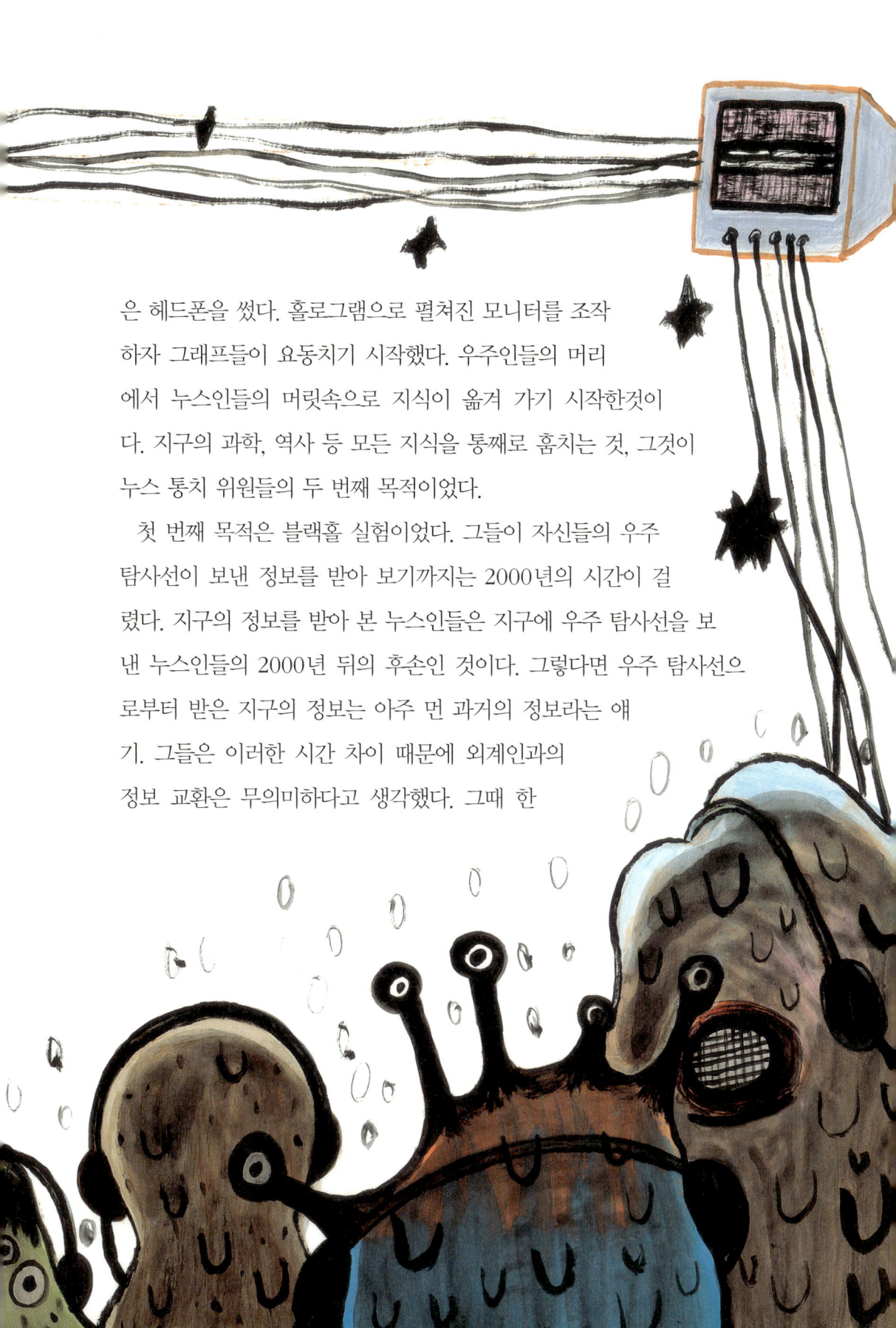

은 헤드폰을 썼다. 홀로그램으로 펼쳐진 모니터를 조작하자 그래프들이 요동치기 시작했다. 우주인들의 머리에서 누스인들의 머릿속으로 지식이 옮겨 가기 시작한것이다. 지구의 과학, 역사 등 모든 지식을 통째로 훔치는 것, 그것이 누스 통치 위원들의 두 번째 목적이었다.

첫 번째 목적은 블랙홀 실험이었다. 그들이 자신들의 우주 탐사선이 보낸 정보를 받아 보기까지는 2000년의 시간이 걸렸다. 지구의 정보를 받아 본 누스인들은 지구에 우주 탐사선을 보낸 누스인들의 2000년 뒤의 후손인 것이다. 그렇다면 우주 탐사선으로부터 받은 지구의 정보는 아주 먼 과거의 정보라는 얘기. 그들은 이러한 시간 차이 때문에 외계인과의 정보 교환은 무의미하다고 생각했다. 그때 한

젊은 과학자가 블랙홀을 이용해 보면 어떻겠느냐는 제안을 했다. 누스의 과학자들은 오랫동안 블랙홀을 연구했다. 결국 블랙홀의 위치를 마음대로 조종할 수 있게 되었고, 블랙홀을 통하면 시간과 공간을 뛰어넘을 수 있다는 연구 결과를 얻을 수 있었다. 그러나 그걸 증명하기 위해서는 목숨을 걸어야 했다.

누스인들은 지구인들을 이용하여 블랙홀을 실험하기로 했다. 블랙홀을 통해 지구에 메시지를 보내고, 지구인들을 알파 27834, 베타 384790, 감마 38477 지점으로 유인하여 자신들이 조종할 수 있는 블랙홀과 맞닥뜨리게 하는 것이다. 물론 지구인들이 블랙홀에 대해 알고 있을 거라는 추측도 했다. 그렇다면 그들이 블랙홀로 빠져들지 않을 수 없도록 상황을 만들면 되는 일. 누스인들은 우주 환각 장치를 이용했다. 우주 괴물 황소는 지구인들을 블랙홀로 몰아넣기 위한 우주 환각이었다. 우주 괴물 황소에 온 정신이 팔려 코스모스호는 블랙홀이 다가오는 걸 알아채지 못하고 그 안으로 빨려들 수밖에 없었던 것이다.

"땡!"

자잘이가 외치자 영롱이는 그제야 몸을 움직였다.

"어? 점꽃 21이다."

호박꽃처럼 넓고 안개꽃처럼 하얀 꽃잎 위에 노랑 동그라미가 점점이 박혀 있는 꽃이었다. 영롱이가 꽃을 따 자잘이에게 내밀었다. 꽃을 받아 들자 자잘이의 가슴속에서 뭉클한 슬픔이 올라오는 듯했다. 자잘이의 표정을 살피며 영롱이가 물었다.

"왜 그래?"
"엄마 생각이 나서."
엄마는 물방울무늬가 그려진 하얀 블라우스를 즐겨 입었다. 영롱이가 다시 물었다.
"엄마 생각이 나는데 왜 눈물이 나?"
"저 멀리 떨어져 있는 엄마 생각을 하니까 보고 싶은 게 당연하잖아."
"엄마가 왜 보고 싶어? 그냥 낳아 줬을 뿐인데."
"낳아 줬을 뿐이라고? 먹이고, 입히고, 키워 주고, 사랑해 주는 건 생각 안 하니?"
"먹이고, 입히고, 키워 주는 건 배움터에서 다 해 주지. 엄마 얼굴은 본 적도 없는걸. 그런데 사랑해 주는 건 뭐니?"

자잘이는 어이가 없었다.

"엄마는 나를 배 속에 10달이나 데리고 있다가 고생해서 낳았어. 그리고 정성스럽게 키워 주고, 내가 다칠까 봐, 아플까 봐 늘 걱정하고……지금도 내가 어디 갔을까 걱정하고 있을 텐데……."

자잘이는 말을 하다 목이 메었다. 엄마에게 짜증 부리던 게 자꾸 떠올랐다.

"하여간 엄마는 나를 아주 소중하게 여기고, 나도 세상에서 엄마가 가장 좋다고."

영롱이는 알아들은 건지 딴생각을 하는 건지 그저 잠자코 있었다.

그때 자잘이의 눈에 낯익은 꽃이 들어왔다. 애기똥풀 같았다.

"이건 뭐라고 불러?"

"노랑이 234."

"그렇구나. 노랑이 234의 꽃말은 뭐야?"

"꽃말? 꽃이 말을 해?"

자잘이는 기운이 쭉 빠졌다. 누스는 정말 재미없는 곳인 듯했다.

"이건 애기똥풀이야. 애기 똥처럼 노랗다고 해서 붙여진 이름이지. 꽃말은 '엄마의 사랑'이고, 옛날에 제비 가족이 살았는데, 새끼 제비가 눈을 뜨지 못했대. 그래서 엄마 제비가 이 꽃의 줄기에서 나오는 물로 눈을 씻어 주었더니 새끼 제비가 눈을 떴대."

자연 체험 학습을 갔을 때 미옥이가 또랑또랑한 눈을 반짝이며 해 준 이야기다. 자잘이는 미옥이가 보고 싶어졌다. 심술쟁이 미옥이마저 보고 싶다니…….

"이건 지구에서 애기똥풀이라고 해."

자잘이는 미옥이에게 들은 이야기를 그대로 해 주었다. 영롱이는 재밌다는 듯 지구의 다른 식물에 대해서도 이야기해 달라고 했다.

"난 이것 말고는 아는 게 없어. 미옥이는 많이 아는데."

"미옥이가 누구야?"

"친구."

"친구? 친구가 뭐야?"

헉, 친구를 모르다니?

"너는 친구 없어? 지금 우리처럼 함께 놀고 이야기하는 사람 말이야."

"으응……."

영롱이는 이번에도 알 듯 모를 듯한 표정을 짓더니 다시 물었다.

"그럼 미옥이도 널 사랑하는 거니?"

자잘이는 기가 찼다.

"뭐, 사랑? 웃기는 소리 하지 마! 걔가 얼마나 날 괴롭히는데. 공부 못한다고 놀리고, 뚱뚱하다고 놀리고, 툭하면 꼬집고, 점심시간에 내가 잠깐 한눈파는 사이에 내 반찬 빼앗아 가는 왕 심술쟁이라고!"

미옥이 얘기를 하는데 왠지 모르게 얼굴이 화끈거리고 가슴이 콩콩 뛰었다. 가만히 듣고 있던 영롱이가 말했다.

"이제 그만 돌아가자. 지식 이동도 다 됐겠다. 다음에 또 놀자."

자잘이는 영롱이를 따라 걸으며 생각했다.

'지식 이동……? 무슨 말이지?'

친절하지 않은 포퍼박사의
우주 강의

다른 행성에 생명체가 살고 있을까요?

캬, 이처럼 지구인이 궁금해하는 우주 문제가 또 있을까? 결론부터 말하자면, 최근의 행성 탐사를 통해 태양계의 다른 행성들에는 외계 생명체가 살 수 없다고 조심스럽게 결론을 내고 있지.

수성은 대기나 물이 없고, 대기는 있지만 기온이 400℃ 이상인 금성에서도 생명체가 살 수 없지 않겠어? 탐사기가 착륙하여 살펴본 화성에서도 생명체는 발견되지 않았지. 목성이나 토성은 생명체가 살 만한 단단한 땅이 없고 온도가 너무 낮아. 아무래도 태양계에서 지구 말고는 생명체가 살 수 있는 행성은 없는 것 같아.

그렇다면 태양계 바깥은 어떨까?

미국 항공 우주국은 지구와 크기가 비슷한 태양계 외부 행성 140여 개를 발견해 냈어. 그중에 물과 암석, 그 밖의 화합물을 가지고 있는 행성이라면 외계 생명체가 살 수 있는 가능성이 커지지. 미국 항공 우주국의 한 연구원은 "우리은하에 사람이 살 수 있는 행성이 약 1억 개나 있을 수 있다."라는 말까지 했다고.

하지만 지름 10만 광년인 우리은하를 빛의 속도로 돌아본다고 해도 지구인이 외계인을 찾아낼 확률은 거의 0에 가깝겠지.

그런데 외계인이 지구로 찾아온다면? 만일 UFO가 정말 외계에서 온 물체라면 그 외계 문명은 분명 지구인의 상상으로는 도저히 따라잡을 수 없을 만큼 과학 기술이 발달해 있을 거야. 그렇게 뛰어난 과학 기술을 갖고 있다면 왜 UFO는 지구인 앞에 모습을 드러내지 않는 거지? 이상하네. 지구인들이 노는 모습이 하도 귀여워서? 그보다는 만날 싸우고, 전쟁하고, 서로 미워하니까 왕따시키는 건 아닌지 몰라.

외계인을 찾기 위한 노력을 하고 있나요?

지구에서 외계인에게 보내는 메시지를 몇 번에 걸쳐 전파로 보내긴 했어. 1974년 푸에르토리코에 있는 아레시보 전파 관측소의 지름 300m 전파 망원경으로 인간과 태양계 등에 관해 알리는 전파 신호가 발사됐지. 우리은하에 속해 있는 가장 가까운 성단(별들이 모여 있는 곳)에 보냈는데, 그곳에 생명체가 있어 우리 전파 신호를 받고 곧바로 답장을 해 준다고 해도 4만 8000년이나 지나야 올 수 있다지 뭐야.

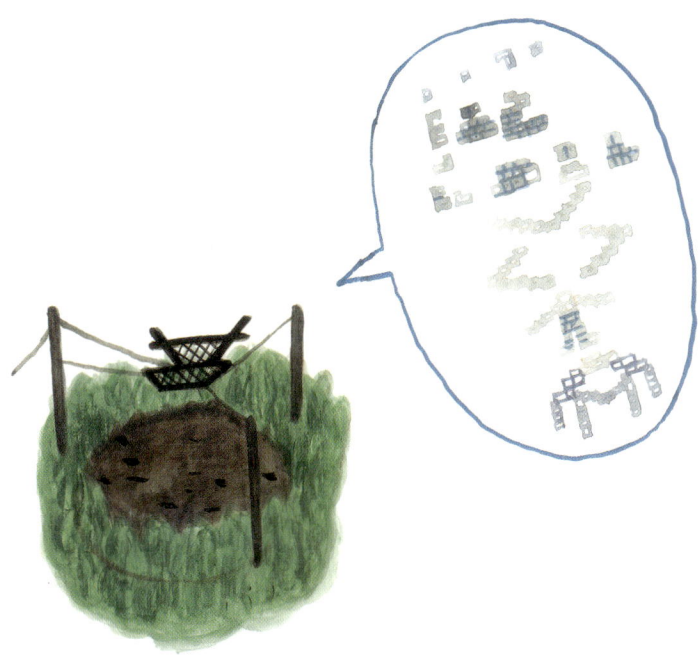

목성이나 토성의 탐사기에 외계인에게 보내는 메시지를 실어 보내기도 했어. 1972년과 1973년에 발사된 파이어니어 1, 2호에는 인간 남녀 등을 그린 금속판이 부착되어 있었거든. 그리고 1977년에 발사된 보이저 1, 2호에는 외계인에게 보내는 인사와 음악을 녹음한 황금 레코드를 실어 보내기도 했지. 이 탐사기들은 태양계를 벗어나 가장 가까운 별까지 수만 년이 걸리는 긴 여행을 하고 있어.

그런데 말이야, 지구 최고의 우주 박사라는 스티븐 호킹 박사는 얼마 전에 외계인을 찾아 나서는 게 아주 위험한 일이라고 경고했어. 만일 외계인이 있다면 지구를 공격할 가능성이 크다는 거야. 호킹 박사는 인류에게 위협적인 외계 생명체가 새 우주 식민지를 개척하기 위해 우주선을 타고 돌아다니는 모습을 상상했다고 해.

UFO(미확인 비행 물체)는 정말 있나요?

글쎄? 일단 UFO가 목격된 사건들을 몇 가지 들려주지.

1947년 6월 24일 미국 워싱턴주 레이니아산 근처에서 시속 1931km로 날아가는 9개의 발광체가 발견됐다. 목격자들에 따르면 '흰색으로 빛나는 접시 모양의 발광체'라고 한다. 이후 6월 24일은 세계적으로 'UFO의 날'로 정해졌다.

1948년 1월 7일 미국 켄터키주의 공군 관제관이 은백색의 소형 비행선을 발견했다. 미국 공군은 무스탕 전투기 4기를 출동시켰고, 비행사들은 "금속체로 보이는 비행 물체가 천천히 상승해 간다."라고 보고했다. 그 후 무스탕 전투기 3기는 귀환하고 만테르 대위만이 단독으로 추적을 계속했는데, 갑자기 통신이 두절되더니 2시간 뒤 전투기는 추락하고 만테르 대위는 사망했다.

1952년 7월 19일부터 5일 동안 워싱턴의 내셔널 공항과 국회 의사당 상공에 UFO가 출몰했다. 공군기가 접근하면 사라지고, 다시 나타났다 사라지기를 반복했다.

1965년 미국 항공 우주국의 제미니 4호가 하와이 상공 210km를 비행하던 중 팔뚝 모양의 UFO를 발견했다. 미국 공군은 그 비행 물체가 무인 우주선 페가수스 1호라고 발표했으나, 페가수스 1호는 전혀 다른 곳에 있었다는 것이 다음 날 밝혀졌다.

1973년 6월 30일 프랑스의 개기 일식 관측 팀이 콩코드 001기를 타고 개기 일식을 촬영했는데, 이때 직경 200m, 오렌지색의 비행 물체가 찍혔다.

1981년 4월 12일부터 14일까지 우주 왕복선 102 컬럼비아가 UFO 사진을 촬영했다.

2004년 3월 5일 멕시코 캄페체 주 상공에서 빛을 내며 고속으로 움직이는 푸른 물체가 발견됐다. 공군이 적외선 카메라로 촬영했지만 이상하게도 공군의 레이더에는 잡히지 않았다.

그 밖에도 수많은 UFO 목격담이 있지만, 지구의 비행 물체를 착각한 것으로 밝혀진 것도 있고 끝까지 밝혀지지 않은 것도 있어.

어때? UFO가 있다고 하니까 외계인의 존재를 믿어야 하나 말아야 하나 헷갈리지? 나도 마찬가지야.

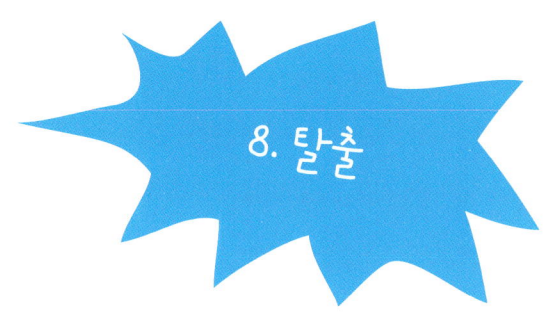

8. 탈출

　지구 최고의 정예 우주 요원들의 머릿속 지식은 누스의 통치자와 통치 위원들의 머릿속으로 모두 옮겨졌다. 소피아의 지식도, 나춘자의 지식도…… 폴, 압둘라, 마르셀의 지식도…….

　누스 통치 위원들은 이제 지구의 거의 모든 지식과 정보를 습득한 것과 다름없었다. 지구 최고의 수재들에게서 얻은 지식과 정보였으니 말이다. 이와 관련하여 누스 통치 위원회가 열렸다.

　"일단 이들의 과학 기술은 우리보다 한참 뒤처진 것이 확실합니다."

　통치 위원 중 한 명이 입을 열었다. 이어서 통치자가 위원들을 둘러보며 말했다.

　"블랙홀을 통하면 시간과 공간을 초월해 우주 여행을 할 수 있다는 것은 증명되었소. 게다가 지구인들 가운데 가장 우수하다는 인간들의 지식과 정보도 얻었소. 우리가 마음만 먹는다면 지구를 정복할 수도 있을 것 같은데……."

　다른 통치 위원이 말했다.

　"나춘자의 정보에 의하면 지구의 공기는 너무 더러워요. 이산화탄소와 오존이 증가하고 있고, 하수의 오염도 심각해서, 우리가 살기엔 산소가 너무 부족합니다."

통치자가 다시 의견을 물었다.

"그렇다면 이들을 계몽시켜 어떻게 사는 것이 잘 사는 것인지 가르쳐 주는 건 어떻겠소? 재미있을 것 같은데."

이에 통치 위원들이 한마디씩 했다.

"폴의 정보에 의하면 지구인들은 모두가 충분히 먹을 만한 음식이 있는데도 굶어 죽는 사람들이 있고, 치료만 받으면 살 수 있는데 돈이라는 것이 없어 죽는 이들도 있고……."

"툭하면 전쟁을 일으켜 저희들끼리 죽이고 죽습니다. 이런 생물들을 가르치는 건 불가능하다고 봅니다."

"그럼 이자들을 그냥 돌려보낸다?"

통치자가 손에 깍지를 낀 채 턱을 괴고 고민에 빠졌다.

지구인을 이용하여 블랙홀을 실험하자고 했던 과학자 위원이 말했다.

"저들의 유전자를 연구해 보는 건 어떻습니까?"

그에게 모든 시선이 모아졌다.

"우리 누스인들 중 대부분이 피부에 불만이 많습니다. 끈적하고 날벌레가 잘 들러붙는다고요. 지구인들의 피부를 연구하면 우리 누스인의 피부를 바꿀 수 있지 않을까요?"

다른 위원이 물었다.

"저들을 죽이잔 말인가요?"

"꼭 죽여야만 연구를 할 수 있는 건 아닙니다만, 뭐 경우에 따라서는……."

과학자 위원이 통치자의 눈치를 살피며 말끝을 흐렸다. 그러자 통치자는 깍지 낀 손을 풀며 말했다.
"나는 우리 누스인을 위해서라면 무엇이든 할 수 있소!"

우주인들은 제각각 방으로 옮겨져 깊이 잠들어 있었다. 이들의 지식은 누스 통치 위원들이 모두 빼앗아 갔다. 이제 이들의 머릿속에는 지식이 하나도 남아 있지 않았다. 그런데 잠들어 있는 우주인들의 몸이 갑자기 꿈틀하더니 무섭게 부풀어 오르기 시작했다. 누스의 음식에 포함돼 있던 영양분이 정상적으로 소화되지 못하고 엄청난 속도로 몸속에 쌓이고 있었다. 뇌에서 지식이 급격하게 빠져나가는 과정에서 신체 기능에까지 이상이 온 것이다.

영롱이는 자잘이를 방으로 안내했다.
"아줌마 아저씨들은?"
"응, 다들 각자 방에서 주무신대."
"치, 하여간 먼저 먹는 사람이랑 먼저 자는 사람이 난 제일 싫더라."
자잘이는 방에 들어서자마자 침대에 쓰러지더니, 이내 코를 골기 시작했다.

영롱이는 통치 위원회로 걸음을 옮겼다. 이제 지구인들의 소식을 누스인들에게 알려야 했다. 외계인이 처음 방문한 것은 아니지만 그래도 흔한 일은 아니었다. 누스인들은 지구인들을 만나 보고 싶어 할 것이고 환영할 것이다.

통치자는 영롱이가 누스인들에게 전할 소식지를 적어 주었다. 영롱이는 소식지를 들고 누스 언덕으로 순간 이동을 했다. 순간 이동은 소식 전달자인 영롱이만 할 수 있는 특별한 능력이다. 물론 누스 행성 안에서만 가능한 능력이었다.

언덕 아래에는 소식을 기다리는 많은 누스인들이 모여 있었다. 영롱이는 소식지를 읽기 시작했다.

"저 멀리 지구라는 행성에서 지구인 6명이 누스에 도착했습니다. 이에 통치 위원회는 그들의 지식을 모두 가져올 수 있었고, 그 결과 그들은 우리보다 과학 기술과 문명이 훨씬 뒤처져 있음이 확인되었습니다. 통치 위원회에서는 지구인들의 피부를 연구해 평소 피부에 불만이 있었던 누스인에게 새 피부를 만들어 줄 것을 결정한 바 이에 소식을 전합니다. 이상 누스 통치자의 말입니다."

"와아, 새 피부가 생긴다고?"

"별거 아니구먼."

환호성을 지르는 누스인이 있는가 하면 시큰둥한 누스인도 있었다.

그런데 소식지를 다 읽은 영롱이는 가슴이 답답해졌다.

"엄마는 나를 아주 소중하게 여기고, 나도 세상에서 엄마가 가장 좋다고……"

"너는 친구 없어? 함께 놀고 이야기하는 사람 말이야."

이렇게 말하던 자잘이의 목소리가 영롱이의 가슴에 또렷하게 남아 있었다.

"이제 자잘이는 엄마도 친구도 볼 수 없겠구나."

자잘이의 눈물 가득한 얼굴이 떠올랐다. 그러자 영롱이의 눈에도 눈물이 어렸다.

그날 밤, 깊이 잠든 통치자와 통치 위원들은 차례차례 영롱이의 방문을 받았다. 그들의 숙소에서 나오는 영롱이의 손에는 지식을 이동시켜 주는 헤드폰이 들려 있었다.

"보고 싶다는 게 뭐야?"
꿈결 속에서 소리가 들렸다.
"보고 싶다는 건 어떤 기분이야?"
또 들렸다. 자잘이는 천천히 눈을 떴다. 콧물 덩어리 영롱이가 눈앞에 있었다. 하지만 이젠 징그럽지 않았다. 벌써 익숙해지다니.
자잘이는 잠이 덜 깬 채 대답했다.
"함께 있고 싶은 거. 같이 있으면 좋은 거."
"함께…… 여기서 우리와 함께 사는 건 싫어?"
"응."
"지금 누구랑 함께 있고 싶은데?"
"엄마랑, 친구들이랑, 옆집 아줌마 아저씨랑, 학교 선생님……. 아파트 놀이터에 있는 목련이랑 중랑천의 물오리랑……."
자잘이의 뺨에 눈물이 주르륵 흘러내렸다. 보고 싶었다. 자잘이가 아는 모든 사람들과 주변에 있던 모든 것들이…….
영롱이는 손을 뻗어서 자잘이의 눈물을 찍어 혀에 대 보았다. 짜면서도

매운 느낌이 들었다. 불 같은 맛이라고 해야 하나? 영롱이의 생각으로는 그 맛을 표현할 길이 없었다. 다만 우주 저 먼 곳에서 날아온 이 아이를 돌려보내 주어야 한다는 생각만은 분명했다.

"그럼 어서 일어나. 함께 있고 싶은 사람들에게 돌아가려면 지금 움직여야 해!"

"무슨 소리야?"

자잘이가 영문을 몰라 투덜댔다.

"우리 누스는 우주에 떠도는 블랙홀을 조종할 수 있게 되었어. 그리고 블랙홀을 이용하면 시간과 공간을 뛰어넘어 아주 먼 곳의 생명체와 만날 수 있을 거라고 생각했지. 하지만 블랙홀로 직접 들어가는 건 생명을 걸어야 하는 일이었어. 그래서 지구에 메시지를 보내고 지구인들이 블랙홀을 통과하도록 한 거야. 지구인들을 실험 대상으로 삼은 거지. 실험은 성공했지만, 통치 위원들은 너희 지구인들을 돌려보내지 않을 생각이야. 너희 목숨이 위험하다고. 그러니까 지금 빨리 움직이지 않으면 안 돼!"

잠이 확 달아난 자잘이는 벌떡 몸을 일으켰다.

"아줌마 아저씨들은?"

"옆방에 잠들어 있어."

침대에서 용수철처럼 튀어 올라 옆방으로 달려간 자잘이는 놀란 입을 다물 수 없었다. 세상에, 그렇게 멋졌던 지구 최고의 우주인들이 이런 뚱뚱이가 되다니!

누스 음식의 부작용으로 몸이 부푼 우주인들과 달리 자잘이는 음식을 조금밖에 먹지 않았고, 워낙 영양 과다 상태였기 때문에 몸에 큰 변화가 나타나지 않았다. 게다가 자잘이는 지식 이동을 하지 않았기 때문에 뇌 기능에도 문제가 생기지 않은 것이다. 물론 이런 사정을 자잘이가 알 리는 없었다.

자잘이는 우주인들을 차례차례 깨웠다. 게슴츠레하게 눈을 뜨고 나춘자가 말했다.

"너 어디서 혼자 뭐 먹고 왔지."

우주인들은 모두 먹을 것만 찾는 바보가 되어 있었다.

"도대체 이 사람들을 어떻게 한 거야?"

자잘이가 버럭 소리를 질렀다.

"지식을 모두 빼앗았어."

영롱이는 우주인들에게 있었던 일을 설명했다. 누스인을 대표해서 용서를 빈다는 말과 함께.

"그럼 어떻게 돌아가, 응? 나더러 우주선을 몰고 지구로 가라고? 난 장난감 로봇도 제대로 작동 못 한단 말이야."

그때 사방의 벽이 점점 좁혀 들어오기 시작했다. 이대로 가다간 모두 납작하게 눌려 죽고 말 것이다.

"통치자가 알아챈 것 같아. 어서 내 손을 잡아!"

영롱이가 손을 내밀었다. 자잘이는 그 손을 잡았다.

"아줌마 아저씨들도!"

영롱이의 말에 자잘이가 우주인들에게 소리쳤다.

"모두 손을 잡아! 맛있는 치킨, 칼국수, 만둣국, 먹고 싶은 건 뭐든지

다 먹게 해 줄게."

소피아를 비롯한 우주인들은 모두 함께 손을 잡았다. 그러자 아득한 빛과 어둠이 번갈아 가며 그들을 스쳐 지나갔다.

어느새 그들은 우주선 코스모스호 앞에 서 있었다. 누스인들과 처음으로 만났던 곳이다. 영롱이가 다급하게 외쳤다.

"자, 어서 들어가! 시간이 없어. 곧 블랙홀이 누스 위를 지나가게 해 놓았어. 기회는 다시 오지 않아!"

하지만 바보가 된 우주인들과 어떻게 비행을 하라는 말인가?

"난 우주선을 조종할 줄 모른다고!"

"날 안아!"

"뭐?"

"시간이 없어. 어서, 날 안아!"

그들의 머리 위로 검은 구름이 모여들며 점점 짙어지고 있었다. 자잘이는 영롱이를 안았다. 영롱이는 자잘이의 머리에 헤드폰을 씌워 주었다. 그러자 자잘이는 심한 두통을 느끼기 시작했다. 음식을 너무 많이 먹었을 때 배가 터질 것 같은 것처럼 머리가 터질 것 같았다. 마침내 영롱이가 자잘이를 밀어냈을 때 자잘이는 우주선을 능숙하게 조작하는 법을 이미 알고 있었다. 누스 통치 위원들이 가져간 우주인들의 지식이 영롱이를 통해 자잘이의 머릿속으로 모두 옮겨진 것이다.

자잘이는 우주선 안으로 들어가 비상 추진 동력을 작동시켰다. 코스모스호의 뒷부분에서 불꽃이 뿜어져 나오기 시작했다. 자잘이가 밖으로 나

와 우주인들에게 소리쳤다.

"어서 들어가! 안 그러면 오늘 하루 종일 굶길 거야!"

우주인들은 자잘이의 말에 허겁지겁 우주선으로 뛰어 들어갔다. 우주인들이 모두 탑승한 뒤, 자잘이도 우주선 안으로 들어가려다 말고 뒤를 돌아보았다. 그곳엔 영롱이가 서 있었다. 누구보다도 예쁜 모습으로.

"넌 이 우주에서 가장 아름다운 생명체 중에 하나야!"

자잘이의 외침을 남긴 채, 코스모스호는 "구아아앙!" 굉음을 내며 하늘을 향해 치솟았다. 그리고 어둠 속으로, 블랙홀 속으로 빨려 들어갔다.

이 광경을 지켜보던 영롱이의 입에서 낮은 목소리가 흘러나왔다.

"얼음!"

그러나 코스모스호는 짙은 구름 너머로 사라져 버렸다.

블랙홀을 빠져나온 코스모스호는 마침내 태양계로 진입했다. 코스모스호를 혼자서 조종하고 있던 자잘이는 그제야 자신의 몸에 변화가 왔음을 깨닫고 깜짝 놀랐다. 뚱뚱하던 몸이 그야말로 반쪽이 되어 있었던 것이다! 우주인 5명의 지식이 자잘이의 뇌로 급격히 이동하는 과정에서 누스에서 섭취한 영양분도 한꺼번에 뇌로 몰렸기 때문이다. 반면 뚱뚱이가 된 우주인 5명은 멍하니 자리에 앉아 있을 뿐이었다.

"도대체 그걸 하나 제대로 못 하느냐고!"

자잘이가 버럭 소리를 질렀다. 이제 지구로 돌아가는 일만 남은 듯했지만 그게 그렇게 간단치가 않았다. 지구에서 가장 뛰어난 영재들로서 수

년간 혹독한 훈련을 마친 천하의 우주인들이 머릿속이 텅 빈 바보가 되어 아주 간단한 지시도 알아듣지 못하고 있었기 때문이다. 이들을 이끌고 먼 지구로 돌아갈 것을 생각하니 앞이 캄캄했다.

"그러지 말고 우주 식량 하나씩만 더 먹자, 응?"

이미 120kg을 넘어선 나춘자가 계속해서 졸라 댔다. 다른 우주인들이라고 예외는 아니었다. 압둘라는 아이처럼 칭얼댔다.

"배고파, 배!"

"알았어, 여기 이 레버를 당기고만 있어. 그럼 맛있는 짜장면을 먹게 해 줄게."

"정말이지?"

자잘이는 한숨을 쉬면서도 날씬해진 자신의 몸을 다시 한번 바라보니 절로 미소가 떠올랐다. 물론 겉모습으로 사람을 평가한다는 게 좋지 않다는 사실은 알고 있었다. 영롱이는 징그러운 콧물 덩어리가 아니라 아름다운 영롱이였다. 겉모습으로 사람을 평가하는 건 진짜 바보나 하는 짓이라는 것을 자잘이는 이번에 절실히 깨달았다.

저 멀리 푸른 행성이 보이기 시작했다. 지구였다.

자잘이는 모니터를 켜고 포퍼 박사에게 연락을 취했다. 몇 분 지나지 않아 모니터에 모습을 드러낸 포퍼 박사는 우주선 내부를 들여다보고는 입을 다물지 못했다.

"어, 어떻게 이런 일이……."

자잘이는 그동안 있었던 일을 차분히 설명했다. 그리고 한마디를 덧붙였다.

"할아버지, 머리카락이 하나도 없네."

자잘이가 지구에 도착하자마자 가장 먼저 한 일은 포퍼 박사의 엉덩이를 힘껏 걷어찬 것이다.

"이렇게 멍청한 우주인들하고 무슨 일을 하느냐고!"

이리하여 자잘이의 우주 여행은 끝이 났다. 그러나 당분간 모든 것은 비밀이었다. 우주 탐색 연합의 작전도, 자잘이의 다이어트 비결도!

친절하지 않은 포퍼박사의
우주 강의

우주인 이소연은 어떻게 귀환했나요?

"정들었던 우주 정거장이여, 안녕."

이소연이 탄 소유스 우주선과 국제 우주 정거장의 도킹이 해제되었다. 점점 멀어져 가던 우주선은 우주 정거장으로부터 약 20km 떨어지자 궤도 모듈이 분리되고 엔진이 점화되면서, 추진 모듈이 불을 뿜었다. 이때 4분 21초 동안 분사되는 엔진의 힘은 소유스를 지구 궤도에서 끌어내려 지상으로 하강하게 만든다. 이 과정에서 추진 모듈은 분리되어 대기권을 통과하다가 불꽃이 되어 사라진다.

귀환 모듈은 지구에 안전하게 착륙해야 한다. 그런데 심상치 않은 상황이 발생했다. 귀환 모듈은 지면과 30도 각도를 유지하면서 대기권에 진입해야 하는데, 70도 가까이 각도가 벌어졌다. 이러다간 지상에 수직으로 내리꽂혀 생명을 잃을지도 모른다.

소유스의 추락 속도는 급속히 빨라졌고, 우주인들은 공포에 질렸다.

한편 지구에서 모니터를 살펴보던 요원들의 얼굴도 놀라움과 두려움으로 가득했다. 모니터에서 소유스가 갑자기 사라져 버린 것이다. 통신도 끊겼다.

다시 소유스. 갑자기 커다란 망치로 얻어맞는 듯한 충격이 이소연을 덮쳤다. 그리고 이소연은 의식을 잃었다.

예정된 착륙 지점에서 420km 떨어진 초원에 떨어진 귀환 모듈은 새카맣게 타 있었다. 한동안의 시간이 흐르고 귀환 모듈의 뚜껑이 열리며 우주복을 입은 이소연이 모습을 드러냈다. 유목민들이 달려와 우주인들을 끌어내 주었다.

이소연과 두 우주인은 초원에 벌러덩 누워 하늘을 바라봤다.

"살았다, 살았다! 고맙습니다!"

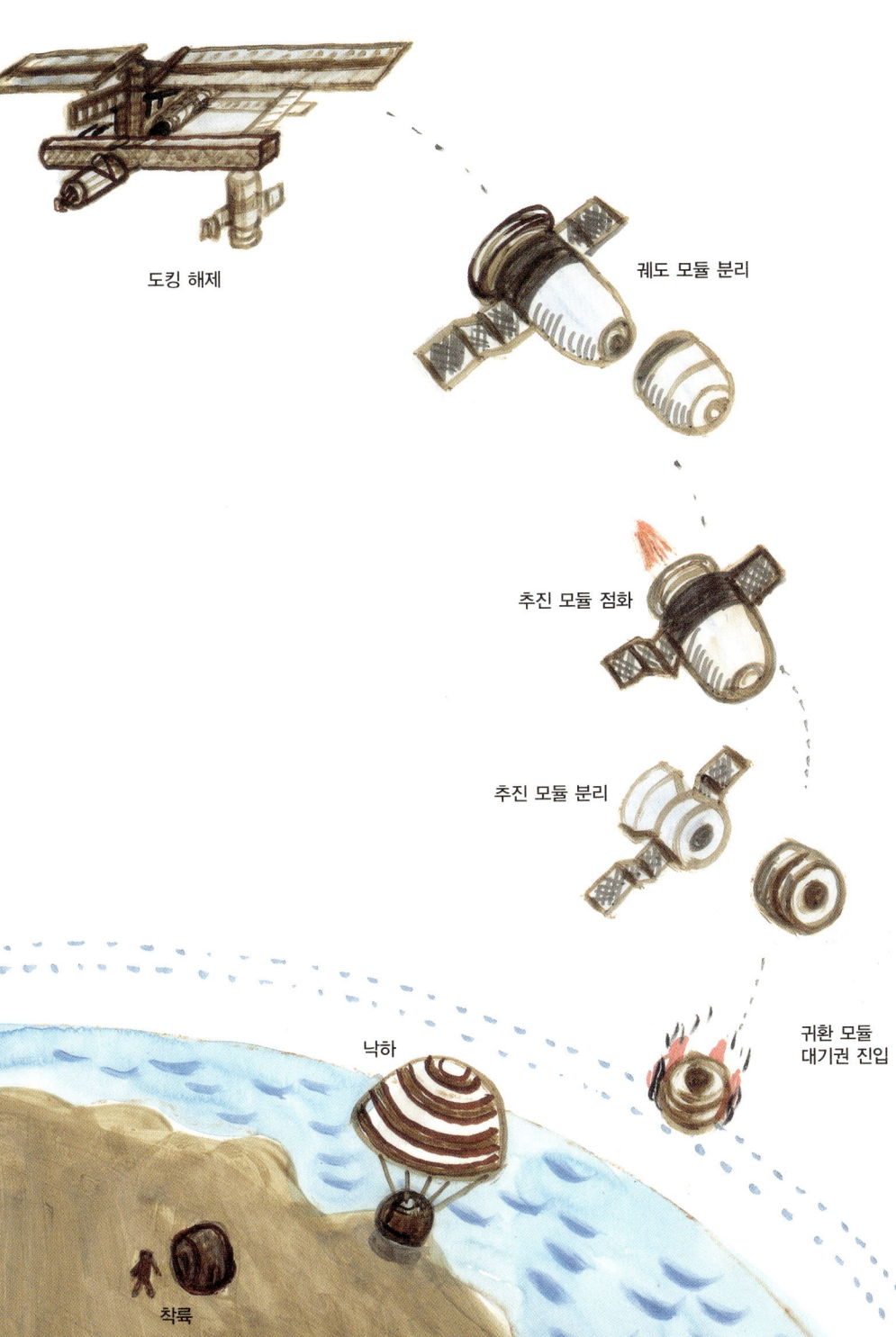

우주에 대해 알고 싶다고? 우주를 관찰하고 싶다고?
도서관에 가서 책을 뒤지거나 인터넷을 뒤져 봐.
그 정도 노력도 하지 않으면 절대 우주와 친해질 수 없어.

우주와 친해지려면 말이야. 우선 마음을 열어야 해.
이 넓고 끝없는 우주에서 나는 한 점 먼지일 뿐이고,
그 먼지를 사랑해 주는 사람들이 있기 때문에
나는 먼지이면서도 우주보다 큰 기쁨과 희망과
행복을 느끼면서 살아가고 있다는 마음을 가져야 한다고,
이 뚱뚱이들아!